Leyendas mexicanas
A Collection of Mexican Legends

Genevieve Barlow
William N. Stivers

Illustrations by
Phero Thomas

National Textbook Company
NTC a division of NTC Publishing Group • Lincolnwood, Illinois USA

1994 Printing

Índice

Preface

Leyendas mexicanas is a collection of tales designed for both English-speaking students who are beginning to speak, write, read, and understand Spanish, as well as for students of Hispanic background who wish to improve their Spanish and to become more familiar with the cultures of the Americas.

The sixteen folk legends of *Leyendas mexicanas* have been arranged in chronological order, covering a period of about 1500 years. Six are Indian legends, while the others originated after the arrival of the Spaniards in the sixteenth century. The characters in these tales include both young and old, animals and people, each of whom has problems and difficulties that must be solved. The settings of the legends are also varied and include almost every region of Mexico—the mountains, the plains, the tropics, the seacoast, the countryside, and the cities.

As you read the stories and develop your Spanish-language skills, you will also begin learning about the history, geography, culture, customs, and habits of the Mexican people.

The legends are written in simple Spanish with only the present, preterite, and imperfect tenses being used. At the same time, sideglosses will help you understand any unfamiliar vocabulary or more advanced verb forms. A general Spanish-English Vocabulary at the back of the book will alleviate the need for frequent use of the dictionary.

Exercises follow each of the legends—some of which will test your understanding of what has been read, while others will help you develop your vocabulary and practice basic grammar structures. Additional activities will encourage you to expand your understanding of Mexican culture.

Through your reading of *Leyendas mexicanas,* it is hoped that you will gain a fuller appreciation of the rich traditions shared by Mexicans living both within and outside of Mexico.

If you enjoyed *Leyendas mexicanas,* you will want to read its companion books *Leyendas latinoamericanas, Leyendas de España,* and *Leyendas de Puerto Rico.* All are intended for the intermediate student and feature vocabulary helps and exercises, as in *Leyendas mexicanas.*

Genevieve Barlow
William N. Stivers

Río Grande

Baja California

Sierra Madre Occidental

Sierra Madre Oriental

Golfo de California

GOLFO de MÉXICO

Uxmal

Guanajuato

Teotihuacán

Guadalajara

Veracruz

México D.F.

Ixtaccíhuatl

Popocatépetl

Puebla

OCÉANO PACÍFICO

Acapulco

Leyendas mexicanas

El sol y la luna   1

En casi todas las culturas hay leyendas que expli-
can el origen de estos dos cuerpos celestiales.
Esta leyenda explica también por qué en México
se pueden ver ° las huellas ° de un animalito en la   **se pueden ver** one can see / **huellas** traces, tracks
luna. Otras leyendas nos dicen que en el Perú un
zorro ° está en la luna, mientras en España, en   **zorro** fox
Vietnam y en los Estados Unidos hay un hombre.
¡Qué curioso que los astronautas no los vieron! °   **vieron** saw, did see

Antes de que hubiera ° luz en el mundo, los dioses   **hubiera** there was
de Teotihuacán ° hablaban entre sí ° para decidir   **Teotihuacán** city of the gods near Mexico City / **hablaban entre sí** were talking among themselves
quiénes iban ° a dar luz al mundo. Todos los dioses   **iban** were going
estaban ° en un salón grande de uno de los muchos   **estaban** were
templos. Preguntaron: °   **preguntaron** they asked
  —¿Quiénes de nosotros van a dar luz al mundo?
  Todos sabían ° que dar luz al mundo no era ° una   **sabían** knew / **era** was
tarea ° fácil. Iba a costar la vida de los que decidie-   **tarea** task
ran hacerlo, pues tenían ° que echarse ° en un   **tenían** they had / **echarse** to throw themselves
gran fuego. °   **fuego** fire
  Nadie contestó al principio. Luego uno de los
más jóvenes de los dioses, Tecuciztécatl, habló y
dijo ° en voz alta: **dijo** said
  —Yo estoy dispuesto ° a echarme en el fuego.   **dispuesto** willing
  Todos a una voz dijeron: —¡El dios Tecucizté-
catl es un gran dios! Todos te felicitamos. °   **felicitamos** we congratulate
  Pero, necesitaban dos dioses y no había ° otro   **había** there was

dios suficientemente valiente para acompañar a Tecuciztécatl. El se burló de° los otros, diciendo: se burló de   made fun of

—¿Dónde hay un dios tan valiente como° yo en tan...como   as...as
toda la región? ¿Nadie se atreve a° ofrecer su vida se atreve a   dares to
para dar luz al mundo?

Nadie contestó. Todos guardaron silencio por
unos minutos y luego comenzaron a discutir entre
sí. Durante la discusión el ruido era tan grande y el
movimiento tanto que no se dieron cuenta de° se dieron cuenta de   they realized
que un dios viejito se levantó lentamente y se
puso° delante de todos ellos. se puso   placed himself

El viejito era pobre y humilde. Sus vestidos° no vestidos   clothing
eran elegantes. Todos los otros quisieron saber por
qué él se había levantado.

—¿Qué quiere él?— dijeron algunos.

—¿Quién cree él que es?— dijeron otros.

—No tenemos tiempo para los viejitos ahora—
dijeron los más jóvenes.° los más jóvenes   the youngest

—Él no es suficientemente valiente— gritaron
unos de los dioses.

—¿Cómo puede querer un viejito dar su vida?—
dijeron los principales entre los dioses.

Pero el viejito, levantando° la mano, pidiendo° levantando   lifting
pidiendo   asking for
silencio, dijo:

—Yo soy Nanoatzín, viejo sí, pero dispuesto a
dar mi vida. El mundo necesita luz. Como no hay
otros voluntarios, quiero ofrecer lo que queda° de lo que queda   that which remains
mi vida para dar luz al mundo.

Después de un momento de silencio, —Grande
es Nanoatzín— gritaron todos y si las felicitaciones
dadas a Tecuciztécatl fueron muchas, las dadas° a dadas   those given
Nanoatzín fueron mayores.

Luego todos se pusieron a° hacer los vestidos se pusieron a   began
necesarios para la ceremonia. Eran muy bonitos,
de algodón° muy fino, con oro, plata y plumas° de algodón   cotton
plumas   feathers
pájaros de todos colores.

Durante toda una semana nadie comió. Todos

estaban en meditación porque dar luz al mundo era muy importante.

Cuando llegó el día, encendieron° un gran fuego en el centro del salón. La luz iluminó todo.

encendieron they lit

Tecuztécatl fue el primero que se acercó al fuego, pero el calor era tanto que él se retiró.° Cuatro veces trató de entrar, pero él no se atrevía.

se acercó a drew near

se retiró drew back

Luego Nanoatzín, el viejito, se levantó y caminó hacia el fuego. Él entró en el fuego y se acostó° tranquilamente.

se acostó he lay down

—¡Ay!— dijeron todos con mucha reverencia. Y en voz baja° todos repitieron: —¡Grande es Nanoatzín!

voz baja whisper

Después le tocó° a Tecuciztécatl. Él tenía vergüenza.° El viejito no tenía miedo° y él sí. Así que él se echó en el fuego también.

le tocó it was...turn

tenía vergüenza he was ashamed

tenía miedo was afraid

Todos los dioses esperaron y cuando ya no había fuego, todos se levantaron y salieron del salón para esperar las luces.

No sabían en cuál dirección ni cómo iba a llegar la luz. De repente° un rayo de sol apareció en el este;° luego el sol entero. Era muy brillante y todos sabían que era Nanoatzín porque él entró° en el fuego primero.

de repente suddenly

este east

entró entered

Después de algún tiempo, también salió otra luz, la luna, y era tan brillante como el sol.

Uno de los dioses luego dijo:

—No debemos° tener dos luces iguales. Nanoatzín entró primero. Él debe tener la luz más fuerte. Debemos° oscurecer° un poco la segunda luz.

debemos we ought

oscurecer to darken

Y otro de los dioses cogió° un conejo° y lo arrojó° al cielo, pegándole° a la luna.

cogió caught

conejo rabbit

arrojó threw

pegando hitting

Hasta estos días el sol es más brillante que la luna y si uno se fija° bien en la luna, puede ver las huellas del conejo.

se fija pays attention

Ejercicios

A. Termine usted las frases con las palabras más apropiadas.

1. Los dioses hablaban entre sí para decidir
   a) qué iban a comer.
   b) quiénes iban a dar luz al mundo.
   c) quién tenía las orejas más grandes.

2. Dar luz al mundo
   a) era cosa fácil.
   b) era una cosa astuta.
   c) no era una tarea fácil.

3. Uno de los dioses jóvenes
   a) estaba dispuesto a dar luz al mundo.
   b) no quería cooperar.
   c) hablaba con un conejo.

4. Para dar luz al mundo, uno tenía que
   a) entrar en el templo.
   b) abrir la boca.
   c) echarse en el fuego.

5. Necesitaron
   a) dos dioses.
   b) un fósforo.
   c) dos jóvenes.

6. El viejito era
   a) pobre y humilde.
   b) rico y orgulloso.
   c) alto y grande.

7. El viejito quería
   a) comer.
   b) dormir.
   c) dar su vida para dar luz al mundo.

8. Los vestidos para la ceremonia eran
   a) de seda de China.
   b) de algodón fino.
   c) de nilón común.

9. El viejito entró en el fuego
   a) primero.
   b) segundo.
   c) con mucho miedo.

10. El joven
   a) tenía frío.
   b) tenía calor.
   c) tenía vergüenza.

B. Conteste usted en frases completas.

1. ¿Cómo se llamó la ciudad de los dioses?
2. ¿Qué sabían todos los dioses?
3. ¿Qué iba a costar para dar luz al mundo?
4. ¿Quién iba a ofrecer su vida?
5. ¿Cuántos dioses necesitaron para dar luz al mundo?
6. ¿Cómo eran los vestidos del dios viejito?
7. Durante toda una semana, ¿qué comieron los dioses?
8. ¿Qué encendieron en el gran salón?
9. ¿Quién entró primero en el fuego?
10. ¿Cómo era la luna?

C. Busque en este cuadro cinco palabras importantes de la leyenda. Están escritas de izquierda a derecha, de derecha a izquierda, de arriba abajo y de abajo arriba en línea recta.

```
E  S  O  L  A
J  O  V  E  N
F  I  R  O  U
A  D  T  B  L
O  G  E  U  F
```

dios fuego luna sol joven

D. Complete estas frases.

1. Todos los dioses estaban en un salón ....
2. El joven estaba dispuesto a echarse en el ....
3. Todos guardaron ....
4. Los vestidos para la ceremonia eran muy ....
5. El fuego iluminó ....
6. Un rayo de sol apareció en el ....
7. Y luego el sol ....
8. Después de algún tiempo, salió la ....
9. Un dios dijo que el viejo debía tener la luz más ....
10. Otro dios cogió un conejo y lo arrojó al ....

Las orejas del conejo   2

Los cuentos del conejo° son populares no sólo° en nuestro país sino° también en otras partes del Nuevo Mundo. Este animalito es un personaje° astuto,° travieso° y alegre. Le gusta burlarse de° los otros animales, grandes y pequeños, especialmente del coyote de México. Aunque es un pícaro,° el conejo es generalmente el héroe de todos los cuentos. Esta leyenda es de origen maya.

conejo rabbit	
sólo only	
sino but	
personaje character	
astuto wise	
travieso mischievous	
burlarse de to make fun of, to trick	
pícaro rogue	

Una vez, hace° miles de años, el conejo tenía las orejas muy pequeñas, tan pequeñas como° las orejas de un gatito. El conejo estaba contento con sus orejas, pero no con el tamaño° de su cuerpo.° Él quería° ser grande, tan grande como el lobo o el coyote o el león.

Un día cuando iba saltando° por los campos, el conejo vio al león, rey° de los animales, cerca del bosque.°

—¡Qué grande y hermoso es!— dijo el conejo. —Y yo soy tan pequeño y feo.

El conejo estaba tan triste que se sentó debajo de un árbol y comenzó a llorar° amargamente.°

—¿Qué tienes, conejito? ¿Por qué lloras?— preguntó la lechuza° que vivía en el árbol.

—Lloro porque quiero ser grande, muy grande— dijo el conejito.

La lechuza era un pájaro° sabio. Cerró los ojos

hace ago

tan...como as...as

tamaño size
cuerpo body

quería wanted

saltando hopping

rey king

bosque forest

llorar to cry
amargamente bitterly

lechuza owl

pájaro bird

por dos o tres minutos para pensar en° el problema
y luego dijo:

—Conejito, debes visitar al dios de los animales.
Creo que él puede hacerte más grande.

—Mil gracias, lechuza sabia. Voy a visitarlo ahora— respondió el conejo. Y fue saltando hacia la
colina° donde vivía el dios.

—Buenos días. ¿Cómo estás?— dijo el dios de
los animales cuando vio al conejito.

—Buenos días, señor. Estoy triste porque soy
tan pequeño. Su majestad, ¿podría° hacerme grande, muy grande?

—¿Por qué quieres ser grande?— preguntó el
dios con una sonrisa.°

—Si soy grande, algún día puedo ser rey de los
animales en vez del° león.

—Muy bien, pero primero tienes que hacer tres
cosas difíciles. Entonces voy a decidir si debo hacerte más grande o no.

—¿Qué tengo que hacer?

—Mañana tienes que traerme° la piel° de un
lagarto,° de un mono° y de una culebra.°

—Muy bien, señor. Hasta mañana.

El conejo estaba alegre. Fue saltando, saltando
hacia el río. Aquí vio a su amigo, el lagarto
pequeño.

—Amigo lagarto, ¿podrías prestarme° tu piel
elegante hasta mañana? La necesito para...

—Para una fiesta, ¿no?— dijo el lagarto antes
de que el conejo pudiera° decir la verdad.

—Sí, sí— respondió rápidamente el conejo.

—¡Ay, qué gran honor para mí! Aquí la tienes.

Con la piel del lagarto, el conejo visitó al mono y
a la culebra. Cada amigo le dio al conejo su piel
para la fiesta.

Muy temprano a la mañana siguiente, el conejo
fue despacio,° muy despacio, con las pieles pesa-
das° ante el dios de los animales.

pensar en to think about

colina hill

podría could

sonrisa smile

en vez de instead of

traerme to bring me
piel skin
lagarto alligator
mono monkey
culebra snake

prestarme lend me

pudiera was able

despacio slowly
pesadas heavy

—Aquí estoy con las pieles— gritó felizmente° el conejo pequeño.

felizmente happily

El dios estaba sorprendido. Pensó: «¡Qué astuto es este conejito!» Pero en voz alta dijo:

—Si te hago más grande, puede ser° que hagas daño° a los otros animales sin quererlo. Por eso voy a hacer grandes solamente tus orejas. Así puedes oír mejor y eso es muy útil° cuando tus enemigos estén° cerca.

puede ser it is possible
que hagas daño that you might hurt
útil useful
estén are

El dios tocó° las orejas pequeñas del conejo y como por arte de magia,° se le hicieron° más grandes. El conejo no tuvo tiempo de decir nada, ni una palabra.

tocó touched
magia magic
se hicieron they became

—Mil gracias, buen dios. Usted es sabio y amable.° Ahora estoy muy feliz— dijo el conejo. Y fue saltando, saltando por los campos con las pieles que devolvió a sus amigos con gratitud.

amable kind

Al día siguiente° vio al león que estaba visitando a la lechuza.

siguiente following

La lechuza le dijo al conejo:

—Buenos días, amigo mío. Eres muy hermoso. Y para ti es mejor tener las orejas grandes que el cuerpo grande.

Con mucha dignidad el león dijo:

—La lechuza tiene razón.°

tiene razón is right

Y desde aquel día el conejo vivió muy contento con su cuerpo pequeño y sus orejas grandes.

Ejercicios

A. **Termine usted las frases con las palabras más apropiadas.**

1. Los cuentos de conejos
   a) existen sólo en América.
   b) no están escritos en español.
   c) son populares en diferentes partes del mundo.

9

2. El conejo ahora tiene las orejas
   a) al revés.
   b) muy grandes.
   c) muy pequeñas.

3. El conejo buscó ayuda
   a) de una lechuza.
   b) de su abuelo.
   c) de un árbol.

4. Según la leyenda, la lechuza es
   a) una lechuga.
   b) leche.
   c) un pájaro.

5. El conejo quería ser
   a) grande.
   b) sabio.
   c) mexicano.

6. El lagarto, el mono y la culebra le prestaron al conejo
   a) su comida.
   b) su cola.
   c) su piel.

7. Con las orejas más grandes, el conejo podía
   a) ver mejor.
   b) oír mejor.
   c) correr mejor.

8. El dios de los animales le dio al conejo
   a) tres orejas.
   b) ojos grandes.
   c) orejas grandes.

9. El conejo es
   a) sabio.
   b) tonto.
   c) perezoso.

10. Con sus orejas grandes, el conejo vivió
    a) triste.
    b) muy contento y agradecido.
    c) feo.

B. Conteste usted en frases completas.

1. ¿Dónde tiene su origen esta leyenda?
2. ¿Cómo tenía las orejas antes, el conejo?
3. ¿Quién era el rey de los animales?
4. ¿Por qué lloró el conejo?
5. ¿Quién era el pájaro sabio?
6. ¿Quiénes le dieron al conejo sus pieles?
7. ¿Qué hizo el dios de los animales?
8. ¿Cómo hizo más grandes el dios de los animales las orejas del conejo?
9. ¿Por qué fue saltando el conejo por los campos?
10. ¿Qué puede hacer mejor el conejo con sus orejas grandes?

C. En cada línea hay una palabra que no tiene ninguna relación con las otras. ¿Cuál es? Ejemplo: padre, madre, hermano, hermoso, tío.

1. coyote, lobo, lechuza, burro, león
2. ojo, otro, oreja, mano, pie
3. rey, niño, héroe, profesor, poco
4. cuando, colina, campo, árbol, bosque
5. mañana, tarde, día, piel, noche
6. mil, millas, cuatro, primero, dieciséis

D. Favor de poner una de estas palabras en el espacio: a, al, con, de, del, en, por.

1. Debajo .... un árbol
2. Los cuentos .... conejo
3. Favor .... hacerme grande.
4. Iba saltando .... los campos.
5. Voy .... visitarlo.
6. .... el arte .... magia
7. .... aquel día .... adelante
8. El conejo vio .... león.
9. .... voz alta
10. Aquí estoy .... las pieles.
11. Debes visitar .... dios.
12. Comenzó .... llorar.

Mi gatito negro

¿Verdad que es precioso
mi gatito negro?
Tiene ojos dorados
y muy fino el pelo.

Somos tan amigos,
yo y mi gato negro
que ni él me araña,
ni yo lo tormento.

Ernestina López de Nelson
(México)

E. **Busque usted en este cuadro los nombres de cinco animales. Están escritos de izquierda a derecha, de derecha a izquierda, de arriba abajo y de abajo arriba en línea recta.**

```
A T L C B R O
Z D E F U T N
U C O N E J O
H J N S V O M
C O T A G S Y
E P E R R O T
L A G A R T O
```

león   conejo   perro   gato   lagarto

El león y el grillo 3

Una de las civilizaciones más avanzadas de los indios de América fue la de los mayas. Existió entre los años 300 a. de J. C.° y 1500 d. de J. C.° Los descendientes de estos indios continúan viviendo en Yucatán, México, en Guatemala, en El Salvador y en Honduras.

Esta leyenda ha sido recontada° desde el tiempo de los mayas a los mexicanos de hoy. El tema° es conocido por todo el mundo, especialmente en los países de habla española.

a. de J. C. (antes de Jesucristo) before Christ
d. de J. C. (después de Jesucristo) after Christ

ha sido recontada has been retold
tema theme

Una vez, hace miles de años, solamente los insectos, los animales y los pájaros vivían en este mundo. Su rey era el león. Era un animal orgulloso° y egoísta.° Por eso, no tenía amigos.

Un día de primavera el león se levantó temprano. Salió de su cueva y corrió por la hierba° y las flores de los campos. Buscaba aventuras y quería° ser el héroe de ellas.

Cuando el león vino cerca de un bosque pequeño, un águila° lo vio. Sin esperar un momento, ella gritó a los insectos, animales y pájaros:

—¡Cuidado! ¡Allí viene el león! ¡Todos deben esconderse!°

Inmediatamente los animales se escondieron en las cuevas o detrás de las rocas grandes. Los pája-

orgulloso proud
egoísta selfish

hierba grass
quería wanted

águila eagle

esconderse to hide

13

ros se escondieron en sus nidos.° Los insectos, **nidos** nests
todos menos uno, se escondieron en las plantas.

Pero, ¡qué lástima! El insecto que no oyó las
palabras era un grillo° tan pequeño y humilde. Él **grillo** cricket
cantaba mientras trabajaba en su jardín cerca del
bosque y no oyó las palabras del águila.

El león estaba sorprendido° cuando no vio nin- **sorprendido** surprised
gún animal, ni pájaro ni insecto en el bosque. Pero
oyó una canción al otro lado del bosque.

—Vamos a ver quién canta esa canción fea—
dijo el león.

El rey corrió por el bosque y vio al grillo en su
jardín y le gritó:

—¡Qué estúpido eres, grillo! En vez de cantar
esa canción tan fea, ¿por qué no fuiste al bosque
para decirme «Bienvenido»?° ¡Qué falta de corte- **bienvenido** welcome
sía tienes!

—Lo siento mucho, señor León. Por favor, per-
dóneme.

—Voy a perdonarte si eres obediente— respondió el león.

El pobre grillo tenía mucho miedo, y dijo:
—Sí, señor, voy a ser obediente.

—Muy bien. Entonces tú y yo vamos a hacer una
carrera° de tu jardín hasta la roca grande al lado **carrera** race
del bosque. Si ganas, voy a perdonar tu falta de
cortesía. Pero si no ganas, voy a tomar posesión
de tu jardín y de tu casa.

El grillo no sabía qué decir. No sabía qué hacer.
Al fin tuvo una buena idea y respondió: —Muy
bien, vamos a correr.

—Bueno— dijo el león. —Cuando diga «tres,»
vamos a correr. Ahora, listo, uno, dos, TRES.

Al oír° «tres,» el grillo brincó° a la cola del león **al oír** on hearing
y se sentó. Pero, poco a poco° fue brincando de la **brincó** jumped **poco a poco** little by little
cola hasta la cabeza del rey. El león corrió rápida-
mente. Muchas veces miraba hacia atrás.° pero **atrás** behind
nunca vio al grillo.

15

—¡Qué estúpido es el grillo! ¡Qué despacio corre! En una hora va a llegar a la roca.

El león estaba cerca de la roca, al lado del bosque. Una vez más miró hacia atrás. En ese momento, el grillo brincó de la cabeza del león a la roca donde se sentó y comenzó a cantar. Cuando el león miró hacia la roca, el grillo dijo:

—Bienvenido, señor León. Hoy usted corre muy despacio.

El león estaba confuso y enojado.° Pero perdonó al grillo por su falta de cortesía. Entonces corrió a su cueva.   **enojado** angry

Y de aquel día en adelante,° el grillo es uno de los héroes de los animales, de los pájaros y de los insectos de México.   **en adelante** forward

---

Ejercicios

A. Termine usted las frases con las palabras más apropiadas.

1. El rey de los animales era
   a) el grillo.
   b) el león.
   c) la lechuza.

2. Todos los animales se escondieron cuando
   a) vino la lluvia.
   b) vino el sol.
   c) vino el león.

3. El grillo cantaba mientras
   a) trabajaba en su jardín.
   b) tomaba su café.
   c) decía buenos días.

4. El león oyó una canción
   a) que venía de una cueva.
   b) de muchos pájaros.
   c) al otro lado del bosque.

5. El grillo tenía miedo
   a) del león.
   b) del sol.
   c) de la lechuza.

6. El león y el grillo iban a tener
   a) un refresco.
   b) una Coca-Cola.
   c) una carrera.

7. El grillo brincó
   a) a la cola del león.
   b) en el aire.
   c) tres pies.

8. Muchas veces el león
   a) miraba atrás buscando al grillo.
   b) descansaba durante la carrera.
   c) cantaba *La Cucaracha*.

9. El grillo
   a) comenzó a cantar.
   b) buscó una mina de plata.
   c) estaba confuso.

10. El león
    a) estaba contento.
    b) perdonó al grillo.
    c) cantó a los pájaros.

B. Conteste usted en frases completas.

1. ¿Por qué no tenía amigos el león?
2. ¿Quién gritó, «Aquí viene el león»?
3. ¿Qué hicieron todos los animales?
4. ¿Dónde se escondió el grillo?
5. ¿Dónde cantó el grillo?
6. ¿Quiénes tienen la carrera?
7. ¿Quién dijo, «uno, dos, tres»?
8. ¿Adónde brincó el grillo?
9. ¿Quién creyó que el grillo era estúpido?
10. ¿Quién es uno de los héroes de los animales, de los pájaros y de los insectos de México?

C. Cambie usted el infinitivo a la forma correcta del pretérito o del imperfecto. Ejemplo: Su rey *ser* (era) el león.

1. El león *levantarse* (..................................) temprano y *correr* (................................) por la hierba.
2. El león *querer* (................................) ser el héroe.
3. Los animales *esconderse* (..) en las cuevas.
4. El águila *gritar* (..), «Aquí *venir* (...................................) el león.»
5. El grillo no *oír* (.........................) las palabras del águila.
6. El pobre grillo *tener* (...............................) mucho miedo y no *saber* (.........................) qué hacer.
7. Tú y yo *ir* (...............................) a tener una carrera.
8. Cuando yo *decir* (................................) «tres,» nosotros *ir* (................................) a correr.
9. El grillo *brincar* (................................) a la cola del león y *sentarse* (...............................).
10. El león *perdonar* (..) al grillo y *correr* (...............................) a su cueva.

D. Tenga usted la bondad de decir el nombre que tiene relación con cada infinitivo. Ejemplo: perdonar – perdón.

1. cantar	7. trabajar	13. saludar
2. pasar	8. nombrar	14. caminar
3. invitar	9. visitar	15. preguntar
4. viajar	10. enfermarse	16. venir
5. reinar	11. cuidar	17. invitar
6. entrar	12. vestir	18. gritar

E. Cosas que pueda hacer.
Adivine estas adivinanzas.

> Estos son cuatro gatos,
> Cada gato en su rincón,
> Cada gato ve tres gatos.
> ¿Adivina cuántos son?

(cuatro)

Yo tengo una tía,
Mi tía tiene una hermana
Y la hermana de mi tía
No es mi tía.

(la madre)

Una cajita redonda,
Blanca como el azahar.
Se abre muy fácilmente
Y no se puede cerrar.

(un huevo)

Los novios   4

Al este de la capital de México, hay dos volcanes que siempre están cubiertos° de nieve. Se llaman Popocatépetl, que tiene una altura de 17.000 pies, e Ixtaccíhuatl,° un poco menos alto. De vez en cuando° «Popo» es activo y echa humo,° pero «Ixy» es quieta. «Popo» representa un guerrero° azteca velando° al lado de su novia, Ixy, que está durmiendo. Los mexicanos dicen cuando hay temblores° que él está llorando° por su querida.°

cubiertos covered

ixtaccíhuatl this name translated from Nahuatl is *sleeping woman*
de vez en cuando from time to time
echa humo throws out smoke
guerrero warrior
velando watching over
temblores earthquakes
llorando weeping
querida beloved

Hace muchos siglos había un emperador azteca que tenía una hija muy buena y hermosa que se llamaba° Ixtaccíhuatl.

se llamaba was called

Un día el emperador recibió noticias que sus enemigos estaban preparando un ataque contra su país. Así el emperador llamó a su palacio a sus jóvenes guerreros valientes y les dijo:

—Como soy viejo, ya no puedo pelear.° Por eso, nombren al guerrero más valiente para que sirva de jefe de nuestro ejército° azteca. Si él puede vencer° al enemigo y establecer la paz en nuestra tierra, le daré° mi trono y la mano de mi hija.

pelear to fight

ejército army
vencer conquer
daré I will give

—Popo es el más valiente y también el más fuerte. Él debe ser nuestro jefe— gritaron todos los guerreros menos uno.

—Muy bien. Popocatépetl, tú eres el jefe— dijo el emperador. —Yo sé que nuestros dioses van a ayudarte a ser victorioso.

Entre los guerreros había uno que era muy celoso° de Popocatépetl. Pensaba que él mismo debía ser jefe. Pero, él no dijo nada de lo que estaba pensando.

celoso jealous

Nadie sabía que la princesa y Popocatépetl estaban enamorados.° Antes de salir para la guerra,° el joven jefe fue al jardín para decir adiós a su querida princesa.

enamorados in love
guerra war

—Volveré pronto, mi querida— le dijo el joven a la princesa. —Entonces nos casaremos.°

casaremos we will marry

—Sí, y tú estarás siempre a mi lado, ¿no es verdad?— respondió la princesa.

—Tienes razón. Voy a estar a tu lado para siempre° — dijo el joven.

para siempre forever

Con estas palabras, Popocatépetl salió para la guerra que era larga y cruel. Pero nadie era tan valiente como el jefe azteca.

Al fin, los guerreros aztecas fueron victoriosos y todos se prepararon para volver a la capital. Pero el guerrero que era celoso de Popocatépetl salió primero. Fue corriendo tan rápidamente que llegó dos días antes de que los otros. En seguida anunció que Popocatépetl estaba muerto° y que él mismo era el héroe de las últimas batallas. Por eso, debía ser el próximo emperador y el esposo de la princesa.

muerto dead

¡La pobre princesa! Estaba tan triste que ella quería morir.

El emperador estaba triste también porque creía que el guerrero decía la verdad acerca de Popo.

Al día siguiente hubo° una gran fiesta en el palacio para celebrar la boda° de la princesa y el guerrero celoso. De repente la princesa gritó:

hubo there was
boda wedding

—¡Ay, mi pobre Popocatépetl!

Y ella cayó muerta al suelo.° **suelo** floor

En esos momentos, los guerreros aztecas entraron en el palacio. Popocatépetl corrió al lado del emperador y anunció:

—Hemos vencido. Ahora la princesa y yo podemos casarnos.

Hubo un gran silencio. Todos miraron en la dirección de la princesa.

Al ver a su querida muerta, el joven corrió llorando a su lado. La cogió° en los brazos y dijo: **cogió** he took

—Hasta el fin del mundo voy a estar a tu lado, mi preciosa.

Entonces el jefe valiente llevó tristemente el cuerpo de la princesa a las montañas más altas. La puso en una cama de flores hermosas y se sentó a su lado.

Pasaron los días. Al fin, uno de los buenos dioses cambió a los novios en volcanes. «Ixy» es quieta. Pero, de vez en cuando «Popo» tiembla y de su corazón vienen lágrimas° de fuego. Entonces todo México sabe que «Popo» llora por su querida princesa. **lágrimas** tears

---

Ejercicios

A. Termine usted las frases con las palabras más apropiadas.

1. Al este de la capital de México hay
   a) tres lagos.
   b) dos volcanes.
   c) cuatro milpas.

2. Un día el emperador recibió noticias que
   a) su hija estaba enferma.
   b) sus guerreros no eran valientes.
   c) sus enemigos estaban preparando un ataque.

3. El emperador no podía pelear porque
   a) era viejo.
   b) era azteca.
   c) era joven.

4. El emperador iba a dar su trono y la mano de su hija
   a) al guerrero más viejo.
   b) al guerrero más valiente.
   c) al guerrero más celoso.

5. La princesa y Popocatépetl
   a) estaban enamorados.
   b) eran hermanos.
   c) estaban en lágrimas.

6. «Popo» dijo que al volver
   a) él iba a casarse con «Ixy.»
   b) él iba a ser el jefe.
   c) él iba a hablar español.

7. Los guerreros aztecas
   a) estaban muertos.
   b) no volvieron.
   c) fueron victoriosos.

8. La princesa
   a) se casó con otro.
   b) cayó muerta.
   c) estaba alegre.

9. El jefe valiente llevó tristemente a las montañas
   a) el cuerpo de la princesa.
   b) una flor.
   c) un grillo.

B. Conteste usted en frases completas.

1. ¿Cómo se llaman los dos volcanes?
2. ¿Qué iban a hacer los enemigos de los aztecas?
3. ¿Quién era el guerrero más valiente?
4. ¿Quiénes iban a casarse?
5. ¿Quién era tan valiente como el jefe joven?
6. Después de la guerra, ¿quién salió primero?

7. ¿Por qué había una gran fiesta?
8. ¿Qué creía el viejo emperador?
9. Al entrar los guerreros aztecas en el palacio, ¿qué anunció «Popo»?
10. ¿Quién cambió a los novios en volcanes?

C. Haga usted el favor de poner la palabra correcta en el espacio: a, al, con, contra, de, entre, para, por.

1. Él estaba llorando .... su querida.
2. Favor .... nombrar .... guerrero más valiente .... servir .... jefe .... nuestro ejército.
3. .... este .... la capital .... México hay dos volcanes.
4. Sus enemigos estaban preparando un ataque .... su país.
5. .... vez .... cuando «Popo» es activo.
6. Hay dos volcanes que están cubiertos .... nieve.
7. El joven jefe fue .... jardín .... decir adiós .... la princesa.
8. .... estas palabras, Popocatépetl salió .... la guerra.
9. Voy .... estar .... tu lado .... siempre.
10. .... los guerreros había uno que era muy celoso.
11. .... ver .... su querida muerta, el joven corrió llorando .... su lado.

D. Favor de leer las palabras en la primera columna. Entonces busque usted lo contrario en la segunda columna.

Primera columna	Segunda columna
1. más	11. enemigos
2. arriba	12. mar
3. amigos	13. pie
4. guerra	14. princesa
5. tierra	15. casita
6 palacio	16. alegremente
7. príncipe	17. paz
8. mano	18. menos
9. levantarse	19. sentarse
10. tristemente	20. debajo

E. Cosas que pueda hacer.

1. Nombre los estados de los Estados Unidos que tienen nombre español.
2. Nombre veinte o más pueblos y ciudades de los Estados Unidos que tienen nombre español.

Los diez perritos

Yo tenía diez perritos;
de los diez que yo tenía,
uno se cayó en la nieve.
Nada más me quedan nueve.

De los nueve que tenía,
de los nueve que ladraban,
a uno se llevó un jarocho.
Nada más me quedan ocho.

Y de ocho que tenía,
y de ocho que ladraban,
a uno se robó un pillete.
Nada más me quedan siete.

Y de siete que tenía,
y de siete que ladraban,
a uno se llevó Andrés.
Nada más me quedan seis.

Y de seis que yo tenía,
y de seis que me ladraban,
uno se murió de un brinco.
Nada más me quedan cinco.

Y de cinco que tenía,
de cinco que ladraban,
a uno se comió un pato.
Nada más me quedan cuatro.

Y de cuatro que tenía,
y de cuatro que ladraban,
uno me pidió Moisés.
Nada más me quedan tres.

Y de tres que yo tenía,
y de tres que me quedaban
uno se murió de tos.
Nada más me quedan dos.

Y de dos que yo tenía,
y de dos que me quedaban,
uno se robó don Bruno.
Nada más me queda uno.

Y de uno que tenía,
y de uno que quedaba,
a uno me quitó la criada.
¡Ahora ya no tengo nada!

Canción de niños muy popular en México

El enano de Uxmal 5

Por más de dos mil años los indios mayas han vivido° en El Salvador, Honduras, Guatemala y el sureste de México. Tenían una cultura muy avanzada. Hoy día se pueden° ver las ruinas de sus magníficos templos, palacios y pirámides. En Uxmal, Yucatán, están las ruinas de la «Casa del Enano,»° héroe de esta leyenda, y la «Casa de la Vieja,»° su madre.

han vivido have lived

se pueden one can

enano dwarf
vieja old woman

En el siglo X, una vieja bruja° vivía en un bosque cerca del pueblo de Uxmal. Una noche oscura cuando hacía mucho viento, la bruja voló° a la cueva de los tres viejos sabios y les dijo:

bruja witch

voló flew

—Como vivo sola con mi lechuza y mi gato negro, estoy muy triste. Por favor, denme a un hijo como compañero.

El sabio más viejo sacó° un huevo grande de un cesto.° Los tres hombres, con las manos sobre el huevo, dijeron palabras mágicas. Entonces se lo dieron a la bruja.

sacó took out
cesto basket

—Aquí tiene usted un huevo mágico— dijo el sabio más viejo. —Cuando llegues° a casa, tienes que envolverlo° en una toalla° y ponerlo cerca del fogón.°

llegues you arrive

envolverlo wrap it
toalla towel
fogón hearth

—Muchas gracias, amigos sabios— dijo la bruja que tomó el huevo y voló a su cabaña.°

cabaña hut

Pasó el tiempo y un buen día salió del huevo un

niño hermoso que podía andar y hablar. A la edad de tres años dejó de° crecer. Era un enano, pero era tan sabio e inteligente que causaba la admiración de la bruja y de toda la gente.

dejó de stopped

El enano observó que la bruja guardaba el fogón de día y de noche. Como era curioso, quería saber lo que allí estaba escondido.°

escondido hidden

Al próximo día, cuando la bruja fue a traer agua del pozo,° el enano descubrió dos cosas debajo de las piedras° grises del fogón. Eran un címbalo° y una varita.°

pozo well

piedras stones
címbalo small bell
varita small rod

—Vamos a escuchar el sonido del címbalo— dijo el enano a la lechuza y el gato.

Con estas palabras, él golpeó° el címbalo con la varita.

golpeó he struck

Hubo un sonido terrible como el trueno.° Toda la gente lo oyó y tenía miedo, especialmente el viejo rey. Todos sabían que, según una vieja profecía, el que sonara° el címbalo iba a ser el próximo rey de Uxmal.

trueno thunder

sonara might sound

El enano puso el címbalo y la varita debajo de las piedras y se sentó en una silla con los ojos cerrados.

La bruja corrió rápidamente a su cabaña y le dijo al enano:

—¿Qué haces, niño?

—No hago nada, madre. Estoy durmiendo.

La bruja sabía la verdad, pero no preguntó más. Sabía también que los criados del rey iban a venir pronto para llevar a su hijo delante del monarca. Y eso es lo que pasó.

El viejo rey estaba sentado en su jardín debajo de un árbol grande. Como no quería dar su reino a un enano, él dijo:

—Para ser rey, tú tienes que pasar tres pruebas° difíciles. ¿Quieres tratar de pasarlas?

pruebas tests

—Sí, su majestad— respondió el enano sin miedo.

—Aquí tienes la primera: ¿Cuánta fruta hay en este árbol grande?

Sin mirar el árbol, el enano respondió: —Son diez veces cien mil y dos veces sesenta y tres veces tres. Si no me cree, puede subir al árbol y contarlas° una por una.

contarlas to count them

El rey y los criados creían que el enano era muy estúpido, pero en ese momento una lechuza voló del árbol y dijo:

—El enano dijo la verdad.

Al día siguiente el enano tuvo la segunda prueba. Delante de todo el pueblo un oficial rompió,° uno por uno, un cesto de cocos° duros en la cabeza del enano. Como la bruja había puesto° un pedazo de piedra mágica debajo de los cabellos,° el enano no sintió° nada.

rompió broke
cocos coconuts
había puesto had put
cabellos hair
sintió felt

—Tú has salido victorioso en esta prueba— dijo el rey. —Mañana tienes la tercera prueba. Si tú quieres, puedes pasar la noche en mi palacio.

—No gracias. Prefiero dormir en mi propio° palacio— respondió el enano.

propio own

A la mañana siguiente, todos estaban asombrados° de ver un gran palacio de piedra cerca del palacio del viejo rey. Y de este palacio salió el enano con sus criados.

asombrados astonished

Cuando el enano estuvo en presencia del viejo rey, que era muy nervioso, él dijo:

—Hoy es la tercera prueba. Si puedes pasarla, vas a ser el rey de Uxmal. Ahora tú y yo vamos a hacer una estatua a nuestra imagen° y ponerlas en el fuego. La estatua que no se queme° va a representar el próximo rey.

a nuestra imagen in our likeness
no se queme is not burned

El viejo rey hizo tres estatuas de diferentes clases de madera y todas se quemaron en el fuego. Pero la estatua del enano, hecha de° barro,° salió bien.

hecha de made of
barro clay

Así el enano llegó a ser rey de Uxmal y todos estaban muy alegres menos el viejo rey.

La bruja también estaba contenta porque ahora su hijo era el rey. La madre de un rey merecía° tener un palacio también; así el enano mandó hacer° un palacio para ella al lado del suyo.°

merecía   deserved

mandó hacer   had built
suyo   his

Ejercicios

A. Termine usted las frases con las palabras más apropiadas.

   1. En un bosque cerca del pueblo de Uxmal, vivía
      a) una lechuza.
      b) una bruja.
      c) un joven azteca.

   2. La bruja quería
      a) un gato negro.
      b) una tortilla.
      c) un hijo.

   3. Los sabios le dieron a la bruja
      a) un cesto.
      b) un huevo.
      c) un conejo.

   4. Un buen día salió del huevo
      a) un pollo.
      b) una piedra.
      c) un niño hermoso.

   5. Iba a ser el próximo rey de Uxmal
      a) el que sonara el címbalo.
      b) el que fuera valiente.
      c) un policía.

   6. El enano tuvo que pasar
      a) un examen.
      b) tres pruebas difíciles.
      c) por la puerta.

7. La lechuza dijo:
   a) —El enano dice la verdad.
   b) —No hay fruta en el árbol.
   c) —Tienes cocos en la cabeza.

8. Un oficial rompió cocos en la cabeza del enano pero él
   a) no sintió nada.
   b) tenía dolor de cabeza.
   c) no comió cocos.

9. La estatua del enano estaba hecha de
   a) plata.
   b) oro.
   c) barro.

B. Conteste usted en frases completas.

1. ¿Dónde vivía la vieja bruja de Uxmal?
2. ¿Qué quería ella?
3. ¿Quiénes le dieron un huevo?
4. ¿Qué salió del huevo?
5. ¿Qué descubrió el enano debajo de las piedras del fogón?
6. ¿Qué no quería hacer el rey?
7. ¿Qué dijo la lechuza?
8. ¿Qué sintió el enano cuando un oficial rompió cocos en su cabeza?
9. ¿Dónde pusieron las estatuas?
10. ¿De qué era la estatua del enano?

C. ¿Cuál es el infinitivo de estos verbos?

1. saca
2. puede
3. guarda
4. sonó
5. causa
6. hago
7. cuento
8. rompió
9. tienes
10. voló
11. creen
12. eres
13. quieres
14. llega
15. descubrió

D. **Tenga la bondad de decir si estas palabras indican una persona, un edificio o una cosa.**

1. bruja	6. policía	11. templo
2. pirámide	7. piedra	12. monarca
3. huevo	8. criados	13. hijo
4. cabaña	9. monasterio	14. vecinos
5. cesto	10. compañero	15. toalla

E. **Cosas que pueda hacer.**

1. Diga quiénes son los mayas.
2. Sea un buen detective. Dentro de la palabra meteorólogos se esconden más de cien palabras. Reglas: Usted puede cambiar el orden de las letras y tener una o muchas en una palabra. Por ejemplo: mi, o, oro, loro, loros, etc. ¿Cuántas puede usted encontrar?

Un lecho de rosas   6

En el tiempo cuando Hernán Cortés llegó ° a México, reinaba ° el emperador, Moctezuma. A la muerte de él, lo siguió ° Cuauhtémoc. Su nombre quiere decir ° « Águila que cae. » Además de ser emperador, era comandante en jefe de los ejércitos. ° Bernal Díaz del Castillo, famoso historiador español de aquel tiempo, dijo de Cuauhtémoc, « Era bien gentil hombre para ser indio y muy valiente. » ° El pueblo mexicano ama ° y admira profundamente a esta gran figura de su ilustre historia.

llegó arrived

reinaba reigned

siguió followed

quiere decir means

ejércitos armies

valiente courageous
ama loves

Después de las guerras de conquista de México, Hernán Cortés trataba de vivir en paz con los indios. Cuauhtémoc fue capturado con otros nobles aztecas, entre ellos el rey de Tacuba. ° Cuauhtémoc no quería vivir más, pero Cortés no lo mató. ° El emperador y el rey de Tacuba fueron tratados como invitados en el palacio de Cortés.

Tacuba region near Mexico City
mató killed

Mientras tanto, ° los soldados de Cortés iban en busca de ° oro. Ellos creían que había mucho y no iban a estar satisfechos con poco.

mientras tanto meanwhile
en busca de in search of

—Estos indios son ricos. Todos llevan collares ° de oro— dijeron los soldados.

collares necklaces

—¿Y del gran tesoro del emperador Moctezuma?— comentaron otros.

—Dicen que está en el fondo del lago— exclamaron otros soldados.

Estos soldados fueron en canoas a buscar el tesoro en el fondo del lago. Día tras° día lo buscaban, pero encontraron muy poco—solamente unas cuentas° de oro y otras cosas de poco valor.°

Cansados y desanimados,° volvieron al palacio de Cortés. Ellos creían que Cuauhtémoc sabía dónde había un tesoro muy grande, un tesoro con mucho oro. Él era el heredero° natural de las posesiones de Moctezuma. Ellos querían torturar a Cuauhtémoc.

—Si sufre un poco, él nos va a decir dónde está el tesoro.

—Sí— dijeron otros, —debemos pedir permiso a Cortés para torturarlo.

Ellos fueron a hablar con Cortés. Todos estaban locos por el oro. Cuando Cortés no les dio permiso, ellos creyeron que había un pacto° entre Cortés y Cuauhtémoc y que Cortés no quería darles a los soldados nada del tesoro.

Esto no era verdad, pero para satisfacer a los soldados, Cortés dio su permiso de torturar a Cuauhtémoc y al rey de Tacuba.

Ataron° a los dos indios, de manos y pies y los pusieron en unos bancos° bajos. Debajo de sus pies encendieron° un fuego. Las llamas° tocaron los pies.

Los soldados españoles les preguntaron: —¿Dónde está el tesoro de Moctezuma?

Los dos no contestaron, pero sufrieron mucho.

Los soldados pusieron más fuego.

—Ahora— preguntaron los españoles, —¿dónde está el tesoro?

Los dos no contestaron nada. No demostraron° que sufrían.

tras *after*

cuentas *beads*
valor *value*
desanimados *discouraged*

heredero *heir*

pacto *agreement*

ataron *they tied up*
bancos *benches*
encendieron *they lit*
llamas *flames*

demostraron *demonstrated, showed*

El rey de Tacuba miró a Cuauhtémoc, la cara pálida, y dijo:

—Cuauhtémoc, mi emperador, es mucho el dolor.

Y Cuauhtémoc respondió al rey de Tacuba:

—¿Estoy yo por ventura° en un lecho° de rosas?

Cortés mandó parar° la tortura. Los dos indios nunca dijeron dónde estaba el tesoro.

Hasta el día de hoy nadie sabe si existe o no el famoso tesoro de Moctezuma, pero todos recordamos las palabras de Cuauhtémoc.

por ventura by chance
lecho bed
mandó parar commanded to be stopped

Ejercicios

A. Termine usted las frases con las palabras más apropiadas.

1. Después de las guerras de conquista
   a) los indios hablaron español.
   b) Hernán Cortés trataba de vivir en paz con los indios.
   c) los españoles volvieron a Cuba.

2. Los soldados de Cortés
   a) fueron en busca de oro.
   b) buscaron a la princesa.
   c) comieron mucho chile.

3. Los soldados españoles creían que el tesoro estaba
   a) en un templo.
   b) en las pirámides.
   c) en el fondo del lago.

4. Los soldados españoles querían
   a) torturar a Cuauhtémoc.
   b) cantar como el grillo.
   c) comprar el tesoro.

5. Los españoles
   a) comieron muchas tortillas.
   b) encontraron el tesoro de Moctezuma en la Pirámide del Sol.
   c) ataron las manos y los pies de Cuauhtémoc y del rey de Tacuba.

6. Pusieron fuego
   a) en la chimenea.
   b) debajo de los pies de los dos indios.
   c) en los templos de los indios.

7. Los dos indios
   a) no dijeron nada.
   b) hicieron mucho ruido.
   c) contaron dónde estaba el tesoro.

8. Cuauhtémoc respondió
   a) que estos españoles eran buenos soldados.
   b) que iba a aprender el español para poder hablar con ellos.
   c) que estaba yo por ventura en un lecho de rosas.

9. Los dos indios
   a) amaron a los españoles.
   b) nunca dijeron dónde estaba el tesoro.
   c) no sufrieron nada.

10. Hasta hoy día
    a) los indios no hablan español.
    b) los españoles son crueles.
    c) nadie sabe si existe el tesoro de Moctezuma.

B. Conteste usted en frases completas.

1. ¿Qué quiere decir Cuauhtémoc?
2. ¿Quién dijo que Cuauhtémoc «era bien gentil hombre...»?
3. ¿Cómo trataban los españoles a Cuauhtémoc y al rey de Tacuba?
4. ¿Qué buscaban los soldados españoles?
5. ¿Dónde estaba el tesoro de Cuauhtémoc?
6. ¿Dónde encontraron los soldados españoles unas cuentas de oro?
7. ¿Qué querían hacer los soldados españoles con Cuauhtémoc?
8. ¿Por qué?
9. ¿Torturaron a Cuauhtémoc y al rey de Tacuba?
10. ¿Cómo?

C. Ponga usted el infinitivo en la forma correcta del presente, del imperfecto o del pretérito.

1. El pueblo mexicano *amar* (..) a Cuauhtémoc.
2. Cuauhtémoc *ser* (....................) capturado y no *querer* (....................
....) vivir más.
3. Los soldados *ir* (........................) en busca de oro pero *encontrar* (..) muy poco.
4. Ellos *volver* (..) al palacio de Cortés.
5. Ellos *atar* (..) a los dos indios y los *poner* (........................) en unos bancos bajos.
6. Debajo de sus pies *encender* (..) un fuego.
7. Los dos no *contestar* (..), pero *sufrir* (........ ....) mucho.
8. Los dos indios nunca *decir* (..) dónde *estar* (........................) el tesoro.
9. Nadie *saber* (..) si existe o no el famoso tesoro.
10. Nosotros *recordar* (..) las palabras de Cuauhtémoc.

D. En cada espacio, ponga el adjetivo correcto con el nombre.

Nombres

1. .... historiador ....
2. pueblo ....
3. .... historia
4. .... cosas
5. cara ....
6. .... aztecas
7. soldados ....
8. bancos ....
9. .... valor

Adjetivos

españoles
mexicano
ilustre
otras
famoso
pálida
poco
español
nobles
bajos

E. Cosas que pueda hacer.

1. Nombre dos o tres tribus de indios de México.
2. Nombre cinco o más tribus de indios de los Estados Unidos.

Atzimba, la princesa 7

Es interesante notar que esta leyenda es seme-
jante a la de la Bella Durmiente, bien conocida por
mucha gente.

El problema de la venida° de los españoles al   **venida** arrival
Nuevo Mundo es evidente en esta leyenda, pero
como verán ustedes, el amor vence° todo.   **vence** conquers

En toda la región no había princesa más bella
que Atzimba. Todo el mundo hablaba de su pelo
negro y de su tez° morena. Además era graciosa° y   **tez** skin
   graciosa gracious, attractive, witty
siempre ayudaba a los enfermos y a los pobres.

Pero desafortunadamente ella se enfermó.° Y era   **se enfermó** became ill
una enfermedad grave. Su abuelo, Aguanga, llamó
a todos los médicos y a todos los sabios de la
provincia. Ellos no pudieron hallar° por qué ella   **hallar** to find out
estaba enferma.

—Yo no sé qué hacer— dijo uno de los médicos honrados.

—Estamos haciendo todo lo posible por Atzimba, pero ella no está mejor— dijeron los sabios.

—¿Qué vamos a hacer? Ella está muy pálida y va
a morir° si no podemos curarla— dijo otro médico.   **morir** to die

Decidieron llevarla° a la playa donde ella podría   **llevarla** to take her
descansar° y recobrar° su salud.°   **descansar** to rest
   recobrar to recover
   salud health

Ella pasó mucho tiempo allí, pero no mejoraba.
Al contrario, estaba más pálida y más débil.°   **débil** weak

Un día cuando ella estaba descansando en la playa, pasó un grupo de soldados españoles a caballo cerca de donde estaba ella. (En estos días había paz entre los indios y los españoles, pero los indios no estaban contentos con la presencia de los españoles en su tierra y buscaban° cómo echarlos.)°

    a caballo on horseback

    buscaban they looked for

    echarlos to throw them out

Atzimba vio a uno de los soldados del grupo. Él era el más guapo. Ella se enamoró de° él y se desmayó.° El soldado era el capitán Villadiego de las tropas de Cortés.

    se enamoró de fell in love with

    se desmayó she fainted

Pronto, los que cuidaban de° la princesa la llevaron a su cama y llamaron a los médicos. Los médicos no pudieron despertarla. Ella no pudo abrir los ojos.

    cuidaban de cared for

El capitán, después de dos días, regresó y pasó por la ventana de la casa de la princesa. Él la vio. Ella estaba dormida, creyó él. Él no pudo resistir la tentación. Él entró en la casa. No había nadie. Él se acercó a la cama. Atzimba no se movió. Él la besó y ella abrió los ojos y dijo:

—¿Quién eres tú?

—Yo soy el capitán Villadiego.

Al instante se enamoraron.

Ella recobró la salud milagrosamente° y los dos decidieron ir a hablar con Aguanga, el abuelo de la princesa.

    milagrosamente miraculously

—Queremos casarnos— dijo el capitán Villadiego a Aguanga.

—No podemos permitirlo— contestó Aguanga. —Usted es español.

—Pero la quiero— dijo Villadiego.

—Usted no es príncipe—° contestó Aguanga.

    príncipe prince

Atzimba rogó° a su abuelo y dijo:

    rogó begged

—Yo lo quiero y quiero casarme con él. Él me quiere y quiere casarse conmigo. Yo le debo° mi vida. Yo le debo mi salud.

    debo I owe

41

—Habrá problemas si te casas con él— explicó
Aguanga tristemente.

Cuando Aguanga vio que los dos no cambiaban
de decisión, él dijo:

—Váyanse° lejos de nosotros.   **váyanse** go away

Un grupo de indios llevó al capitán Villadiego y
a Atzimba del pueblo. Se fueron lejos, muy lejos,
y llegaron a tierras desconocidas.° Los indios pu-   **desconocidas** unknown
sieron a los dos en una cueva y cubrieron la
entrada° con rocas grandes.   **entrada** entrance

El capitán Villadiego y Atzimba no pudieron
salir. Los indios volvieron a Aguanga y le dijeron:

—Atzimba y el capitán no volverán° nunca.—   **volverán** they will return
Aguanga estaba muy triste, pero los indios tenían
la costumbre de desterrar° a los que no obedecían   **desterrar** to exile
las leyes de la tribu.

Años después, unos españoles pasando por la
cueva, descubrieron° la entrada. Vieron a dos es-   **descubrieron** uncovered
queletos abrazados.°   **abrazados** in embrace

Ejercicios

A. Termine usted las frases con las palabras más apropiadas.

1. En toda la región no había
    a) sol ni luna.
    b) fruta tan deliciosa.
    c) princesa más bella.

2. Atzimba siempre
    a) iba a la playa.
    b) hablaba mucho.
    c) ayudaba a los enfermos y a los pobres.

3. Los médicos y sabios no supieron
    a) dónde estaba la playa.
    b) por qué estaba enferma Atzimba.
    c) dónde estaban.

4. Atzimba descansó
   a) en la playa.
   b) en la ciudad.
   c) en un templo.

5. El capitán español
   a) preparó la comida.
   b) durmió.
   c) besó a Atzimba.

6. El capitán Villadiego quería
   a) casarse con Atzimba.
   b) ir a la playa.
   c) volver a España.

7. Un grupo de indios llevaron a Atzimba y al capitán Villadiego
   a) a la playa.
   b) a una cueva.
   c) a la capital.

8. El capitán Villadiego era
   a) español.
   b) indio.
   c) norteamericano.

9. Los indios pusieron al capitán Villadiego y a Atzimba
   a) en la luna.
   b) en un barco.
   c) en una cueva.

10. Años después, unos españoles vieron en la cueva
    a) una lechuza sabia.
    b) dos esqueletos abrazados.
    c) un conejo con orejas grandes.

B. Conteste usted en frases completas.

1. ¿Quién hablaba del pelo negro y de la tez morena de Atzimba?
2. ¿Adónde llevaron a Atzimba?
3. ¿Quiénes pasaron cerca de ella cuando estaba en la playa?
4. ¿De quién se enamoró Atzimba?
5. ¿Cómo se llamó el capitán español?
6. ¿Quién besó a Atzimba?
7. ¿Qué querían Atzimba y el capitán Villadiego?
8. ¿Adónde llevaron los indios a Atzimba y al capitán?
9. ¿Cómo cubrieron la entrada de la cueva?
10. ¿Qué descubrieron unos españoles años después?

C. ¿Quién(es) lo dijo (dijeron)? ¿El abuelo, el médico, Atzimba, los indios, el capitán o los sabios?

1. ¿Qué vamos a hacer?
2. ¿Quién eres tú?
3. Queremos casarnos.
4. Usted no es príncipe.
5. Estamos haciendo todo por Atzimba.
6. Váyanse lejos de nosotros.
7. Yo no sé qué hacer.
8. Pero la quiero.
9. Yo le debo mi vida.
10. Atzimba y el capitán no volverán nunca.

D. Ponga usted en el espacio el adjetivo correcto.

grave, desconocidas, morena, españoles, hermosa, negro, Nuevo, pesadas, siguiente, humilde

1. su pelo ....
2. una enfermedad ....
3. el .... Mundo
4. su tez ....
5. las pieles ....

6. los soldados ....
7. a la mañana ....
8. un indio ....
9. una iglesia ....
10. las tierras ....

E. Cosas que pueda hacer.

1. Nombre cinco edificios. Ejemplo: casa, basílica, etc.
2. Nombre la capital de cada país hispanoamericano.

La Virgen de Guadalupe

8

La santa patrona de México es la Virgen de Gua-
dalupe. Su día de fiesta es el doce de diciembre.
En ese día, la gente de todas partes de la repú-
blica visita su Basílica en el pueblo de Guadalupe,
a cuatro millas de la capital de México. Desde
1910 la Virgen es también la patrona de los otros
países hispanoamericanos.

En diciembre del año 1531 Juan Diego, un indio
pobre, caminaba hacia la ciudad para oír misa.° De misa mass
repente, en la colina de Tepeyac, oyó música di-
vina y olió el perfume más fragante. Luego en una olió he smelled
nube de luz, él vio a una mujer que estaba parada° parada stopped
en el sendero° delante de él. Era una señora her- sendero pathway
mosa, morena como una mujer mexicana, de
expresión angelical.

Juan tenía miedo. No sabía qué hacer ni qué
decir.

—No tengas miedo. Soy la Virgen María— dijo
la mujer en voz dulce. —Vengo para pedir tu
ayuda, Juan.

—Soy un indio pobre y humilde. ¿Cómo puedo
ayudar a la Santa Madre?— respondió Juan.

—Es muy fácil. Ve y dile al obispo° que me obispo bishop
edifique° una iglesia aquí— dijo la Virgen. que me edifique that he build me

Así el indio fue rápidamente al obispo. Le contó

45

acerca de la Virgen y lo que ella deseaba. Pero el obispo no creyó un cuento tan fantástico.

—¡Imposible!— contestó el buen hombre. —Necesito prueba° de esto.

prueba proof

Juan, muy triste y confundido,° volvió a su casa. Pero otra vez en la colina de Tepeyac, vio a la Virgen y le dijo que el obispo deseaba una prueba.

confundido confused

—Muy bien, mañana en este sitio voy a darte la prueba para el obispo— dijo la Virgen.

Cuando Juan llegó a su casa, supo° que su tío estaba muy enfermo y deseaba la bendición° del cura° antes de morirse.°

supo he learned
bendición blessing
cura priest
antes de morirse before dying

A la mañana siguiente Juan fue a llamar al cura. Otra vez, en el mismo sitio, Juan vio a la Virgen.

—¿Adónde vas, Juan?— preguntó la Virgen.

—Oh, Santa Madre, voy a la casa del cura. Mi tío está muy enfermo y desea su bendición.

—Desde este momento tu tío está perfectamente bien— respondió la Virgen. —Y ahora, Juan, coge° las rosas que crecen° a tus pies y llévalas al obispo. Dile° que la Virgen de Guadalupe va a cuidar para siempre a los indios de México.

coge pick
crecen are growing
dile tell him

Puedes imaginarte la sorpresa de Juan cuando la Virgen habló de rosas porque sólo había cacto° en esta región. Pero cuando miró a los pies, vio las rosas más bonitas y fragantes. El indio cogió un ramo° que puso en su tilma.° Entonces corrió a la casa del obispo.

cacto cactus
ramo branch
tilma blanket used as a cloak

—Ahora le traigo prueba— dijo Juan.

Cuando abrió la tilma, las rosas cayeron al suelo. Pero ahora había otra sorpresa. Allí en la tilma, en colores muy bonitos, estaba pintado° el retrato° de la Virgen. Ahora el obispo no necesitaba más prueba.

estaba pintado was painted
retrato portrait

En la colina, en el mismo sitio donde Juan cogió las rosas el doce de diciembre del año 1531, hay una pequeña capilla. Y al pie de la colina hay una iglesia grande y hermosa, la Basílica de la Virgen de Guadalupe. Arriba del altar a plena vista ° de todos, está la tilma de Juan Diego con el retrato de la Santa Virgen.

plena vista full view

Ejercicios

A. Termine usted las frases con las palabras más apropiadas.

1. El día de la fiesta de la Virgen de Guadalupe es
   a) el veinticinco de diciembre.
   b) el doce de diciembre.
   c) el Día de Año Nuevo.

2. La Virgen se apareció a Juan
   a) en el sendero.
   b) en la casa.
   c) en la iglesia.

3. La Virgen quería
   a) una rosa.
   b) visitar a México.
   c) una iglesia.

4. El tío de Juan
   a) estaba muy enfermo.
   b) estaba cansado.
   c) estaba en la iglesia.

5. El tío quería la bendición
   a) de la iglesia.
   b) de la Virgen.
   c) del cura.

6. Juan llevó
   a) una sorpresa a su tío.
   b) rosas al obispo.
   c) un sombrero de tres picos.

7. El retrato de la Virgen estaba
   a) en la tilma.
   b) en la pared.
   c) en el suelo.

8. Ahora el obispo estaba
   a) enfermo.
   b) triste.
   c) convencido.

9. En la colina ahora hay
   a) una capilla.
   b) el retrato de la Virgen.
   c) las mismas rosas.

10. El retrato de la Virgen está
    a) escondido.
    b) entre las rosas.
    c) arriba del altar.

B. Conteste en frases completas.

1. ¿Qué oyó Juan Diego en la colina?
2. ¿Qué olió Juan Diego en la colina?
3. ¿Qué expresión tenía la Virgen?
4. ¿Qué no creyó el obispo?
5. ¿Quién estaba enfermo?
6. ¿Qué quería el tío de Juan Diego?
7. ¿Dónde crecieron las rosas de la leyenda?
8. ¿Qué puso Juan Diego en su tilma?
9. ¿Qué había en la tilma con las rosas?
10. ¿En qué año apareció la Virgen?

C. ¿Cuál es el infinitivo de estos verbos?

1. oyó	7. dijo	13. soy
2. ve	8. iba	14. vienen
3. tenía	9. pueden	15. podemos
4. vengo	10. traigo	16. tienes
5. va	11. empiezan	17. son
6. vuelve	12. saben	18. se sienta

49

D. Lea usted las palabras en la primera columna. Entonces busque usted lo contrario en la segunda columna.

Primera columna	Segunda columna
1. delante (de)	11. debajo (de)
2. pobre	12. difícil
3. responde	13. alegre
4. fácil	14. vivir
5. rápidamente	15. detrás (de)
6. triste	16. está bien
7. está enfermo	17. bonito
8. morirse	18. rico
9. feo	19. pregunta
10. arriba (de)	20. despacio

E. **Cosas que pueda hacer.**

1. Nombre usted diez parientes. Ejemplo: madre, padre, etc.
2. Nombre usted los dieciocho países hispanoamericanos.
3. Nombre usted cinco animales y descríbalos en una frase.

La china poblana   9

En el año 1520, el navegante Fernando de Magallanes descubrió° las islas que él nombró° las Filipinas en honor de Felipe II, rey de España.

descubrió discovered
nombró named

   Durante los próximos tres siglos hubo mucho comercio entre México y las Filipinas, la China y la India. Los barcos que salían de Acapulco° para esos países llevaban oro, plata, mantas y cacao. Después de un largo y difícil viaje, los barcos volvían al mismo puerto. Ahora llevaban cargas del Oriente — perfumes, sedas,° encajes,° porcelanas y especias — para la gente mexicana. Esta a leyenda de una princesa india y de su llegada a México.

Acapulco port on west coast of Mexico

sedas silks
encajes lace

En la costa de la India vivía una princesa hermosa con su familia. Un día ella y su criada° fueron al puerto para ver los barcos grandes y pequeños que salían para otras partes del mundo. En uno de los barcos había hombres malos que decían ser comerciantes, pero no era verdad. Eran feroces piratas chinos.

criada servant

   Cuando los piratas vieron a la princesa de diez años con su vestido elegante y sus hermosas joyas,° dijeron los unos a los otros:°

   —Vamos a robar a la niña y llevarla a Manila

joyas jewels
los...otros to each other

51

en las Filipinas. Allí podemos venderla a un precio muy bueno.

Y eso fue lo que hicieron.

Afortunadamente,° en Manila un buen hombre, el capitán de un barco español que iba con mercancías a Acapulco, compró a la princesa. Y como era el día de Santa Catalina, le dio el nombre de Catalina a la muchacha.

afortunadamente fortunately

Catalina estaba contenta con su nuevo amo, pero el viaje a Acapulco era de muchos meses. La pobre Catalina estaba cansada y triste porque ella no sabía lo que le iba a pasar en Acapulco.

Muchos comerciantes de todas partes de México subieron al barco. Todos querían comprar las mercancías. Entre ellos, había uno de Puebla. Mientras visitaba al capitán, observó a la niña hermosa sentada en un saco de mercancías. Sus ojos eran negros y muy vivos.

—¿Quién es esa niña preciosa?— preguntó el poblano al capitán.°

poblano man from Puebla

—Creo que es una princesa de China aunque° la compré° en Manila. ¿No quiere usted comprarla?

aunque even though
compré I bought

—Sí, con mucho gusto. Mi esposa y yo no tenemos hijos. Ahora, gracias a usted, vamos a tener una hija— respondió el poblano.

Así Catalina fue llevada° a Puebla donde vivía felizmente con el buen comerciante y su amable esposa. Sus padres adoptivos y también la gente de Puebla amaban a la princesa que era tan buena y simpática, especialmente con los pobres y los enfermos. Todos la llamaron con cariño la «china poblana.»°

llevada taken

china poblana Chinese girl of Puebla

Como a toda princesa, le gustaban mucho la ropa bonita y las joyas elegantes. Siempre llevaba faldas de colores brillantes y blusas bordadas° con flores.

bordadas embroidered

Cuando Catalina murió, en el año 1688, las mujeres del pueblo, para honrar su memoria, querían vestirse como ella. Y por supuesto,° el nombre del vestido era «china poblana.» **por supuesto** of course

Hoy día las mexicanas llevan este tipo de vestido en los días de fiesta. Consiste en una falda roja y verde, ricamente decorada. La blusa blanca es bordada con flores de muchos colores. Este traje° se lleva° en muchos bailes típicos de México, como el «Jarabe Tapatío.» Vestida de esta manera, la mexicana se llama la «china poblana.» **traje** dress **se lleva** is worn

Las costumbres° tienen orígenes muy extraños, ¿verdad? **costumbres** customs

Ejercicios

A. Termine usted las frases con las palabras más apropiadas.

1. En uno de los barcos del puerto
   a) había muchas joyas.
   b) había piratas.
   c) había un capitán indio.

2. Los piratas
   a) cantaron como el grillo.
   b) robaron a la princesa.
   c) se escondieron.

3. El capitán español que la compró en Manila le dio el nombre de
   a) María.
   b) Elena.
   c) Catalina.

4. El barco del capitán español iba a
   a) Acapulco.
   b) Veracruz.
   c) Tampico.

5. Uno de los comerciantes mexicanos era de
   a) Guadalajara.
   b) Puebla.
   c) Monterrey.

6. El comerciante de Puebla compró
   a) a la niña.
   b) un grillo.
   c) el barco.

7. La princesa era muy buena con
   a) los otros niños.
   b) todos los comerciantes.
   c) los pobres y los enfermos.

8. La princesa siempre llevaba
   a) faldas de colores brillantes.
   b) un vestido largo.
   c) pantalones y botas.

9. Todos la llamaron
   a) princesita.
   b) chinita.
   c) china poblana.

10. En días de fiesta las mexicanas
    a) comen mucho.
    b) cantan como el grillo.
    c) llevan el vestido «china poblana.»

B. Conteste usted en frases completas.

1. ¿Adónde fueron un día la princesa y su criada?
2. ¿Quiénes robaron a la princesa?
3. ¿Qué querían hacer con ella?
4. ¿Quién la compró en Manila?
5. ¿Adónde iba el barco del capitán español?
6. ¿En cuál día compró el capitán español a la princesa?
7. ¿Quién la compró en Acapulco?
8. ¿Quién amó a la princesa?
9. ¿Qué llevaba siempre la princesa?
10. ¿Cuál es el nombre del vestido que llevan las mexicanas los días de fiesta?

C. ¿Cuál de las palabras no tiene ninguna relación con las otras?

1. perfumes, porcelanas, personajes, encajes
2. capitán, barco, buenos, cargas
3. navegante, Magallanes, Filipinas, India
4. puerto, Manila, Guanajuato, Acapulco
5. princesa, robar, piratas, países
6. plata, sombrero, blusa, falda
7. buena, fea, amable, simpática
8. hermoso, bonito, elegante, triste

D. Haga usted el favor de poner en el espacio una palabra correcta: a, al, con, de, entre, para.

1. Los piratas vieron .... la princesa .... diez años .... su vestido elegante.
2. Ella y su criada fueron .... puerto .... ver los barcos.
3. Después .... un largo viaje, los barcos volvían .... mismo puerto.
4. Había mucho comercio .... México y las Filipinas.
5. La gente .... Puebla amaba .... la princesa.
6. Ella era simpática .... los pobres.
7. Las mexicanas llevan este tipo .... vestido .... los días .... fiesta.
8. Todos la llaman .... cariño la «china poblana.»

Amor filial
Yo adoro a mi madre querida;
Yo adoro a mi padre también.
Ninguno me quiere en la vida
Como ellos me saben querer.

Amado Nervo (México)

El fraile y el alacrán   10

Durante la época colonial (1521-1821) México te-
nía negocios° comerciales con las otras colonias   negocios business
españolas y también con la China. Pero siempre
había muchos peligros para los marineros° y los   marineros sailors
barcos. En el mar° había tempestades y piratas;   mar sea
en el Nuevo Mundo había indios salvajes. Así,
muchos barcos, marineros y viajeros nunca llega-
ron a su destino.

En en el siglo XVII había muchos comerciantes
ricos en la capital de México. Uno de ellos se
llamó don Lorenzo.

Don Lorenzo era estimado de todos. Era humilde, industrioso y generoso. Él creía que si trabajaba horas largas, Dios iba a darle una fortuna.
Así él podía ayudar a los pobres y enfermos. Y
eso fue lo que pasó.

Una mañana un marinero visitó a don Lorenzo
en la casa modesta donde vivía con su esposa y su
hijo de dieciséis años.

—Le traigo malas noticias— dijo el marinero.
—Durante una tempestad terrible en Manila, su
barco se hundió° con toda su carga.°   se hundió sank
    carga cargo

—¿Y todos los marineros?— preguntó don Lorenzo ansiosamente.

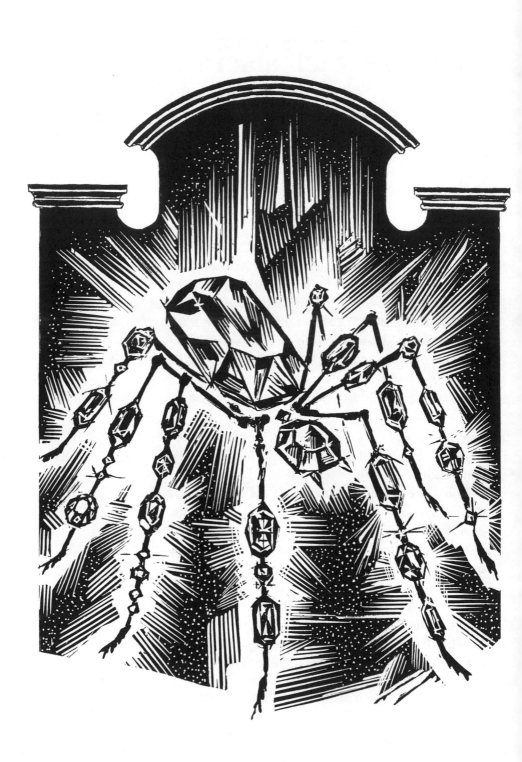

—Todos están sanos y salvos—° dijo el marinero a don Lorenzo.

sanos y salvos safe and sound

—Gracias a Dios— dijo don Lorenzo. —La vida de cada marinero es más importante que el barco y su carga que valen miles de pesos.

Hasta ahora todo había salido bien° para don Lorenzo. Por eso, no estaba preparado para los desastres del mes siguiente cuando dos barcos con sus marineros y sus cargas se perdieron.°

había salido bien had come out well

se perdieron were lost

Por muchos días don Lorenzo, triste y confundido, no sabía qué hacer. Entonces un día le dijo a su esposa:

—Esta mañana un marinero me dijo que con quinientos pesos puedo comprar una carga de sedas y de porcelanas chinas que llegan mañana al puerto de Acapulco. Con estas mercancías puedo comenzar a hacer una fortuna otra vez. Pero, ¿dónde están los quinientos pesos? No tengo más que diez.

—Tienes muchos amigos. Ellos pueden prestarte° el dinero— dijo la esposa.

prestarte to lend you

Así, don Lorenzo visitó a sus amigos, pero nadie quiso ayudarlo. Entonces recordó° al fray° Anselmo. Él siempre ayudaba a los pobres.

recordó remembered
fray friar

Don Lorenzo caminó pronto al monasterio y habló con el santo hombre en su celda pequeña.

—¡Ay, amigo, soy pobre! No tengo quinientos pesos— dijo el fraile.

—Pero, ¿qué voy a hacer?— preguntó tristemente don Lorenzo.

En este momento un alacrán° empezó a subir por la pared.° Fray Anselmo lo cogió y lo puso en un pedazo de tela.°

alacrán scorpion
pared wall
pedazo de tela piece of cloth

—Aquí está, amigo. Llévelo° al prestamista° al lado de la catedral. Él le dará° dinero para sus negocios— dijo el fraile.

llévelo take it
prestamista money lender
dará he will give

59

—Mil gracias, fray Anselmo, usted es muy amable. Adiós— dijo don Lorenzo, pero él pensaba que un alacrán no tenía mucho valor.

Cuando don Lorenzo llegó a su destinación, le dio la tela con el alacrán al prestamista.

Hubo unos momentos de silencio. Don Lorenzo estaba muy nervioso. Creía que el prestamista iba a reírse de° él.

reírse de to laugh at

—¡Qué maravillosa!— exclamó el prestamista.

Don Lorenzo miró el alacrán. Ahora era una joya de oro con diamantes, rubíes y esmeraldas brillantes.

—Le daré tres mil pesos, señor. ¿Está bien?— preguntó el prestamista.

—Sí, sí, está bien— respondió don Lorenzo en voz débil. Estaba tan sorprendido que le era difícil contestar al prestamista.

Después de volver a casa para decirle a su esposa las buenas noticias acerca del dinero, don Lorenzo fue a Acapulco donde compró la carga de sedas y porcelanas. Volvió inmediatamente a la capital de México donde vendió todas a un precio alto. Y desde aquel momento todos sus negocios fueron prósperos.

Llegó el día cuando don Lorenzo quiso devolver° el alacrán al fraile. Así, fue al prestamista, pagó el dinero necesario, y con el alacrán envuelto° en un pedazo de tela fue al monasterio.

devolver to return

envuelto wrapped

—Todo está bien, ¿no es verdad?— preguntó el fraile a don Lorenzo.

—Sí, fray Anselmo, gracias a usted. Aquí tiene al alacrán precioso y una bolsa° con dinero para los pobres— contestó don Lorenzo.

bolsa purse

El fraile sacó de la tela el alacrán que ya no.° era una joya. Lo miró con cariño. Entonces lo puso en la pared y le dijo:

ya no no longer

—Sigue tu camino, buen alacrán.

Y el alacrán comenzó a caminar lentamente por
la pared.

Ejercicios

A. Termine usted las frases con las palabras más apropiadas:

1. Don Lorenzo era
   a) estimado de todos.
   b) marinero.
   c) fraile.

2. Don Lorenzo quería
   a) dinero para comprar una carga de sedas y porcelanas.
   b) hablar con el jefe azteca.
   c) un pedazo de tela.

3. El fray Anselmo.
   a) salió de la catedral.
   b) siempre ayudaba a los pobres.
   c) no tuvo un alacrán.

4. El fray Anselmo cogió un alacrán y lo
   a) puso en la mesa.
   b) comió.
   c) puso en un pedazo de tela.

5. El alacrán ahora era
   a) más grande.
   b) una joya cubierta de oro con diamantes.
   c) una pequeña lechuza.

6. Don Lorenzo compró la carga y la vendió
   a) en Acapulco.
   b) en Tijuana.
   c) en la capital de México.

7. Don Lorenzo devolvió el alacrán
   a) a la pared.
   b) al fraile.
   c) a los comerciantes.

8. El fraile sacó el alacrán de la tela y ya no era
   a) un alacrán.
   b) grande.
   c) una joya.

9. El fraile lo miró
   a) con cariño.
   b) con miedo.
   c) con celos.

10. El alacrán comenzó a
    a) correr.
    b) dormir.
    c) caminar.

B. Conteste usted en frases completas.

1. ¿A quién quería ayudar don Lorenzo?
2. ¿Quién le trajo malas noticias?
3. ¿Qué quería comprar don Lorenzo?
4. ¿Quién ayudaba siempre a los pobres?
5. ¿Qué le dio el fraile a don Lorenzo?
6. ¿Qué le dio al prestamista don Lorenzo?
7. ¿Qué era el alacrán ahora?
8. ¿Qué hizo don Lorenzo con los tres mil pesos?
9. ¿Qué le dio al fraile don Lorenzo?
10. ¿Qué hizo el alacrán?

C. Dé un ejemplo de lo siguiente:

1. una capital	6. una princesa	11. un emperador
2. un golfo	7. una calle	12. un volcán
3. un héroe	8. un rey	13. un océano
4. una tribu de indios	9. un estado	14. una colina
5. una isla	10. un país	15. un explorador

D. Favor de leer las palabras en la primera columna y buscar lo contrario en la segunda columna.

Primera columna
1. ruido
2. tristemente
3. subir
4. fácil
5. dar
6. comprar
7. alto
8. lentamente
9. llorar
10. luz

Segunda columna
11. oscuridad
12. silencio
13. difícil
14. bajar
15. alegremente
16. reír
17. rápidamente
18. vender
19. recibir
20. bajo

E. Cosas que pueda hacer.

Busque la abreviatura de cada palabra. Ejemplo: señor - Sr.

1. señora
2. señorita
3. avenida
4. don
5. doña
6. distrito federal
7. usted
8. ustedes
9. primero
10. segundo
11. doctor
12. hermanos
13. los Estados Unidos
14. número

Ud., Vd.
Ave.
1º
D.
Dr.
Da.
Srta., Srita.
D. F.
EE.UU.
Hnos.
2º
Uds., Vds.
Sra.
Núm., Nº

El animalito que canta   11

El estado de Guanajuato está a unas 150 millas al norte de la capital de la república mexicana. Hoy día, como hace siglos, Guanajuato es famoso por sus minas de plata,° oro° y cobre.°

plata silver
oro gold
cobre copper

Hace tres siglos, un joven español salió de la capital de la Nueva España° para Guanajuato. Iba en busca de plata. Esperaba hacerse° rico en poco tiempo. Entonces podría volver a España y casarse con su novia.

Nueva España Mexico
hacerse to become

Por muchas semanas el joven buscó las minas de plata, pero no encontró ni una.° Una noche, cansado y con frío, fue a un pueblo indio al pie de las montañas. El jefe de la tribu lo invitó a pasar la noche en su casita. El joven aceptó la invitación con mucho gusto. Se acostó en un petate° y durmió bien. Pero cerca de las seis de la mañana se despertó.° Oyó el ruido° de muchos indios que corrían y cantaban. El joven se puso° las botas y salió de la casita para hablar con el jefe.

ni una not even one

petate straw mat

se despertó he woke up
ruido noise
se puso put on

—Buenos días, señor. ¿Qué pasa? ¿Por qué corren y cantan los jóvenes?

—¡Oh!— respondió el jefe, —nuestros jóvenes cantan al sol. Le dicen que es la hora de despertarse y de empezar su viaje a través del° cielo.

a través de across

El joven estaba sorprendido. Miró a los indios que corrían cantando al este del pueblo. Continuaron sus canciones hasta que apareció el sol. En ese momento gritaron alegremente.

—¿Todas las mañanas los jóvenes tienen que despertar al sol?— preguntó el joven.

—Sí, es verdad. ¿No lo hacen ustedes en su pueblo?— dijo el jefe.

El español quería reírse, pero no lo hizo.

—Oh no, señor. Tenemos un animalito que despierta al sol todas las mañanas. Por eso, no tenemos que levantarnos temprano.

—¿Un animalito? ¿De qué clase?— preguntaron los indios.

—Lo llamamos un gallo— contestó el español.

—¿Puede usted traernos un gallo?— dijo el jefe.

De repente el joven pensó en una idea que podía servirle bien. Por eso, respondió:

—Voy a traerles un gallo si ustedes prometen° decirme dónde hay una gran mina de plata.

prometen promise

Después de mucha discusión, los indios prometieron decírselo.

Luego salió el español y en tres días volvió con un gallo grande y hermoso.

Esa noche sólo los niños pudieron dormir. Los adultos estaban tan° nerviosos que no cerraron los ojos. ¿Qué iba a pasar si el gallo no despertaba al sol? Pasaron las horas — las cuatro, las cinco. Unos momentos antes de las seis. el gallo se despertó y voló° al techo° de la casita del jefe. Cantó en voz alta — una vez, dos veces. Pronto se vio° el primer rayo del sol en el este. En unos momentos, el gallo cantó varias veces más. Entonces apareció el sol grande y redondo.° ¡Qué alegría° había entre todos los adultos!

tan so

voló flew
techo roof
se vio was seen

redondo round
alegría happiness

En los meses siguientes los indios ayudaron al español a encontrar toda la plata que él deseaba.

Así él se hizo rico y pronto salió de México para
España donde se casó con su novia.

Se dice que hasta hoy día los indios del pueblo al
pie de la montaña en Guanajuato quieren mucho al
gallo que despierta al sol.

Ejercicios

A. **Termine usted las frases con las palabras más apropiadas.**

1. El joven buscó
   a) plata.
   b) plátanos.
   c) oro.

2. El jefe de la tribu lo invitó a
   a) buscar las minas de plata.
   b) dormir en su cama.
   c) pasar la noche en su casita.

3. A las seis de la mañana muchos indios
   a) buscaron plata.
   b) corrieron y cantaron.
   c) hablaron español.

4. En el pueblo, el gallo
   a) no cerró los ojos.
   b) no pudo dormir.
   c) cantaba todas las mañanas.

5. El español volvió con
   a) un gallo grande y hermoso.
   b) un león muy feo.
   c) un grillo humilde.

6. Unos momentos antes de las seis
   a) los indios corrieron y cantaron.
   b) el gallo se despertó y cantó.
   c) el jefe se acostó.

7. El gallo voló
   a) al sol.
   b) a la luna.
   c) al techo de la casita del jefe.

8. Después de cantar el gallo
   a) el español durmió.
   b) los indios corrieron y cantaron.
   c) salió el sol.

9. Los indios ayudaron al español a
   a) cantar en voz alta.
   b) encontrar muchas minas de plata.
   c) dormir en el techo.

10. El español
   a) se hizo rico.
   b) cantó varias veces.
   c) besó al gallo.

B. Conteste usted en frases completas.

1. ¿Qué es la Nueva España?
2. ¿Qué buscó el joven español?
3. ¿Dónde estaba el pueblo indio?
4. ¿Qué hizo el jefe de la tribu?
5. ¿Qué despertó al joven?
6. ¿Quién despertó al sol?
7. ¿Qué tenían que hacer los indios jóvenes todas las mañanas?
8. ¿Cuál animalito cantó por la mañana?
9. ¿Cómo cantó el gallo?
10. ¿De dónde cantó el gallo?

C. ¿Cuál es el infinitivo de estos verbos?

1. durmió	6. puede	11. estoy
2. se despertó	7. invitó	12. acepta
3. se puso	8. comenzó	13. piensa
4. encuentra	9. se acostó	14. quieren
5. quería	10. hacen	15. cantaron

D. En cada línea hay una palabra que no tiene ninguna relación con las otras. ¿Cuál es?

1. siglo, semana, año, día, donde
2. mina, cobre, otro, plata, oro
3. blusa, bota, sombrero, bueno, zapato
4. ocho, ojo, pie, cabeza, mano
5. ventana, techo, poner, puerta, casa
6. alegre, feliz, alegría, cerca, contento

El sol

Para los hombres,
para la flor,
el sol es vida,
luz y calor.

Por saludarlo
visten de fiesta
todas las plantas
de la floresta.

Y el mundo canta
con alegría
cuando él asoma
trayendo el día.

Manuel Bernárdez (México)

La Casa de los Azulejos   12

Uno de los edificios más bellos de la Ciudad de México se llama la Casa de los Azulejos.° No está lejos de la catedral antigua de la capital. Por muchos siglos° sólo gente rica y noble vivía en esta residencia. En el siglo XX, dos hermanos, los señores Sanborn, compraron° la casa. Aquí establecieron° un restaurante que sirve comida mexicana y también la comida de los Estados Unidos; hasta sirve leche malteada y hamburguesas. Esta es la leyenda del origen de la Casa de los Azulejos.

azulejos tiles

siglos centuries

compraron bought

establecieron they established

En el siglo XVIII, el joven don Luis, segundo Conde de Orizaba, vivía con su familia rica y distinguida en la Ciudad de México. Luis no era un buen hijo. Era perezoso y egoísta. Se divertía° de día y de noche y nunca pensaba en cosas serias.

se divertía he amused himself

Los padres de Luis estaban tristes a causa de° la mala conducta de su hijo. Un día el padre le dijo al perezoso Luis:

a causa de because of

—Hijo mío, nunca vas a hacer casa de azulejos.°

—No me importa. Sólo quiero divertirme— respondió Luis que salió deprisa ° para una fiesta.

hacer casa de azulejos to do anything good

de prisa hurriedly

Durante los días siguientes, Luis pensaba mucho en las palabras de su padre y él decidió cambiar su conducta.

En vez de divertirse todo el tiempo, trabajaba horas largas con entusiasmo. Al fin de pocos años tuvo una fortuna.

Él compró una casa grande de dos pisos° que no estaba lejos de la catedral. Él y sus trabajadores cubrieron la casa de hermosos azulejos de diseños° hechos° en blanco, amarillo y azul. Cuando este trabajo estuvo terminado,° Luis vivió en su casa elegante. Después pasó mucho tiempo en Europa donde compró muebles elegantes y costosos.

Ahora Luis estaba listo° para dar una fiesta en su casa magnífica en honor de sus padres. Invitó a la gente noble y rica de la capital.

Durante la fiesta había canciones y bailes. Un poco antes de la medianoche, Luis observó que un reloj precioso de gran valor había desaparecido° de una mesa que estaba debajo de unas ventanas grandes.

Luis creyó que había un ladrón entre la gente. Sin duda, la persona escondió el reloj debajo de° su ropa. Por eso, el joven fue al centro del gran salón y en voz alta° anunció:

—Damas° y caballeros, siento interrumpir la música, pero estoy muy triste. Un reloj precioso ya no está en la mesa debajo de las ventanas grandes.

—¡Qué extraño!—° dijeron muchas personas.

—Este reloj, adornado de diamantes, es un regalo del rey de España— continuó Luis. —Ahora son las doce menos diez. Muy pronto el reloj va a tocar° su música antes de dar las doce.° Las puertas de la casa están cerradas. Nadie puede salir. Ahora vamos a apagar° las luces de este salón por unos minutos. Así, en la oscuridad la persona que tiene el reloj puede ponerlo en la mesa.

Después de unos minutos los criados entraron con las luces. Todos los ojos miraron en la direc-

pisos floors

diseños designs

hechos made

terminado finished

listo ready

había desaparecido had disappeared

debajo de underneath

voz alta loud voice

damas ladies

extraño strange

tocar to play
dar las doce to strike twelve

apagar to turn off

ción de la mesa. ¡Ahí estaba el reloj! Sólo faltaba° **faltaba** was lacking
un minuto para las doce.

La gente, impaciente, vio cómo las maneci-
llas° del reloj llegaron a las doce y pasaron, pero el **manecillas** hands (of a clock)
reloj no tocó su música y no dio la hora.

Luis, observando las miradas de sorpresa y curiosidad en las caras de la gente, dijo:

—La verdad, amigos míos, es que este reloj
nunca toca una nota de música ni da la hora.
Ahora, vamos a continuar con nuestra fiesta.

Así termina la leyenda de Luis y de la Casa de
los Azulejos.

Ejercicios

A. Termine usted las frases con las palabras más apropiadas.

1. La Casa de los Azulejos
   a) es uno de los edificios más bellos de la Ciudad de México.
   b) está lejos de la catedral antigua de la capital.
   c) es una iglesia.

2. Luis no era
   a) rico.
   b) un buen hijo.
   c) perezoso.

3. Luis cambió su conducta y
   a) no trabajó.
   b) se divirtió.
   c) compró una casa grande.

4. Luis dio una fiesta en honor
   a) de sus azulejos.
   b) de sus padres.
   c) de la capital de México.

5. Un reloj precioso de gran valor
   a) había desaparecido.
   b) dio la una.
   c) no tenía diamantes.

6. La persona que tenía el reloj podía
   a) salir de la casa.
   b) apagar las luces.
   c) ponerlo en la mesa.

7. Luis interrumpió la música porque
   a) estaba muy triste.
   b) estaba muy alegre.
   c) estaba de mal humor.

8. Los criados entraron con las luces y todos dijeron:
   a) —Vamos a comer.
   b) —Ahí está el reloj.
   c) —No tiene manecillas.

9. El reloj
   a) tocó su música.
   b) dio la hora.
   c) no tocó su música.

10. Luis quería
    a) terminar la fiesta.
    b) apagar las luces otra vez.
    c) continuar con la fiesta.

B. Conteste usted en frases completas.

1. ¿Cuáles hermanos compraron la Casa de Azulejos?
2. ¿Dónde sirven leche malteada y hamburguesas?
3. ¿Qué hacía Luis de día y noche?
4. ¿Por qué estaban tristes los padres de Luis?
5. ¿Por qué decidió Luis cambiar su conducta?
6. ¿Qué compró Luis?
7. ¿De qué cubrió Luis la casa?
8. ¿Qué había durante la fiesta?
9. ¿Qué creía Luis cuando vio que el reloj había desaparecido?
10. ¿Por qué apagó las luces?

C. **Tenga usted la bondad de decir si estas palabras indican una cosa, un estado, un pájaro o una persona.**

1. lechuza	6. patrona	11. Cuauhtémoc
2. nubes	7. águila	12. Veracruz
3. Jalisco	8. sarape	13. criada
4. Cortés	9. obispo	14. banco
5. reloj	10. Puebla	15. azulejo

D. **¿Cuál es el infinitivo y el presente indicativo de cada verbo?**

1. cubrieron	6. sirvió	11. invitó
2. ibas	7. tenía	12. me senté
3. escondió	8. se llamó	13. dijeron
4. se divirtió	9. salió	14. vieron
5. pensó	10. decidió	15. terminó

E. **Cosas que pueda hacer. Resuelva estas adivinanzas.**

Nombre cinco días de la semana sin decir — domingo, lunes, martes, miércoles, jueves, viernes o sábado.

(hoy, mañana, ayer, pasado mañana, anteayer)

Aunque tengo patas
Yo no me puedo mover.
Llevo encima la comida
Y no la puedo comer.

(la mesa)

Soy redondo; no hablo, pero sé contar.

(el reloj)

74

El misterio de la Calle de Olmedo   13

La catedral de la Ciudad de México es un edificio hermoso. Se dice° que fue construida° en el sitio de un templo azteca. Es la catedral más antigua de Norte América y la más grande del continente americano. El padre de la leyenda siguiente celebró la misa en esta catedral. Esta leyenda es de la última parte del siglo XVIII. El título le dice qué clase de árboles (olmo)° hay en la calle.

se dice it is said
fue construida was built

olmo elm

Era una noche fría y oscura en la capital de México. Llovía mucho y hacía viento. Parecía que toda la gente dormía porque no había ruido en las casas ni en las calles.

La campana° grande y melodiosa de la catedral dio° las ocho. En ese momento un padre salió de la catedral y caminó rápidamente en dirección a su monasterio. Iba rezando° el rosario en voz baja.

campana bell
dio struck
rezando praying

Al doblar° la esquina, el padre oyó la voz de un hombre que estaba al otro lado de la calle.

doblar turning

—Espere° un momento, padre, por favor. Quiero hablar con usted— dijo el hombre.

espere wait

—Muy bien, señor. ¿Qué desea usted?— respondió el padre.

El hombre corrió al lado del padre y le dijo:

—Mi hermana que vive aquí en la Calle de Ol-

medo está muy enferma. En la hora de su muerte
ella desea hablar con un padre. Por favor, venga° a   venga come
oír su confesión.

Por un momento el padre no respondió. Estaba
cansado y tenía frío. Prefería ir al monasterio
donde vivía.

—Venga pronto— imploró el hombre.

—Muy bien, vamos—° respondió el padre.   vamos let's go

Los dos caminaron de prisa acia una casa vieja.
El hombre abrió la puerta y los dos entraron en un
cuarto húmedo y frío. En una cama el padre vio a
la hermana que era joven y hermosa. Sus vestidos
eran elegantes, pero el buen padre tembló° cuando   tembló trembled
la miró porque tenía las dos manos juntas° en   juntas together
actitud de rezar.°   rezar praying

—Gracias por venir, padre— dijo la hermana en
voz débil.

—Siéntese,° padre, y por favor, oiga la confe-   siéntese sit down
sión. Tengo que salir a las nueve— dijo el hombre
con impaciencia.

El padre obedeció. Se inclinó° sobre la cama   se inclinó he leaned down
para oír la confesión de la hermana. El hombre se
sentó al otro lado del cuarto a leer un libro.

Un poco antes de las nueve el hombre dijo al
padre:

—Ahora usted tiene que salir. Gracias por venir.
Muy buenas noches.

—Buenas noches— dijo el padre asombrado.° Y   asombrado surprised
salió rápidamente de la casa.

Entonces la campana de la catedral dio la hora.
Eran las nueve. En ese momento el padre oyó un
grito° terrible. El ruido vino de la casa donde   grito shout
había estado él.

El padre corrió a la casa y llamó a la puerta.
Nadie respondió.

—Abra la puerta en nombre de Dios— gritó el
padre, asustado.

Había silencio.

Por media hora el padre esperó delante de la casa. Entonces, triste y confuso, salió para el monasterio. Pero, ¿dónde estaba su rosario? No lo tenía. Entonces recordó. Estaba sobre la cama de la señorita enferma.

Toda la noche el padre estuvo nervioso y no pudo dormir. Al dia siguiente se levantó temprano y fue a la Calle de Olmedo. En la esquina ° vio a un policía y le dijo: **esquina** corner

—Por favor, señor policía, venga conmigo para recoger° mi rosario. Está cerca, en una casa.   **recoger** to pick up

—Con mucho gusto, padre— dijo el buen policía.

Los dos caminaron a la casa y el policía llamó a la puerta. Nadie la abrió.

—¡Abran la puerta en nombre del rey!— gritó el policía en voz alta.

Al oír la voz del policía, los vecinos ° salieron de sus casas. Quisieron saber lo que pasaba.   **vecinos** neighbors

—Nadie vive en esa casa— dijo un hombre.

—Es verdad— dijeron los otros vecinos.

—Hace ° más de medio siglo que sus puertas no se abren.   **hace...** it's been

—Pero mi rosario está en la cama de esta casa— dijo el padre.

—¡Imposible!— gritaron los vecinos.

—Vamos a ver— respondió el policía que difícilmente abrió la puerta con su espada. °   **espada** sword

Entonces todos entraron en la casa. El hombre no estaba. Pero en la cama había un esqueleto con las manos juntas en actitud de rezar, y a su lado, todos vieron el rosario del padre.

Ejercicios

A. Termine las frases con las palabras más apropiadas.

1. La catedral de la Ciudad de México es
   a) un edificio hermoso.
   b) un templo azteca.
   c) la más nueva de Norteamérica.

2. Era una noche fría y oscura y
   a) hacía calor.
   b) había sol.
   c) hacía viento.

3. La campana grande y melodiosa de la catedral
   a) iba rezando.
   b) dobló una esquina.
   c) dio las ocho.

4. El señor dijo que
   a) su hija estaba enferma.
   b) su hermana estaba enferma.
   c) su madre estaba enferma.

5. El hombre abrió la puerta y los dos
   a) comieron muchos frijoles.
   b) se sentaron a la mesa.
   c) entraron en un cuarto húmedo y frío.

6. El padre oyó
   a) la voz de un ángel.
   b) la confesión de la hermana.
   c) un pájaro que canta.

7. El padre salió
   a) de la casa.
   b) de la catedral.
   c) de la tienda.

8. El rosario estaba
   a) en la catedral.
   b) en la calle.
   c) sobre la cama de la señorita.

9. El policía llamó a la puerta y
   a) nadie abrió.
   b) salió un señor muy viejo.
   c) el reloj dio las nueve.

10. En la cama
    a) había dos perros.
    b) había un esqueleto con las manos una sobre otre.
    c) había una espada.

B. Conteste usted en frases completas.

1. ¿Por qué no había ruido en las casas ni en las calles?
2. En ese momento, ¿quién salió de la catedral?
3. ¿Quién habló con el padre?
4. ¿Quién estaba enferma?
5. ¿A qué hora tenía que salir el hombre?
6. ¿A qué hora salió el padre?
7. ¿Dónde estaba el rosario?
8. ¿Quién abrió la puerta de la casa?
9. Según los vecinos, ¿quién vivía en la casa?
10. ¿Qué había en la cama?

C. Según la leyenda, ¿cuáles palabras de la segunda columna tienen relación con las de la primera columna?

Primera columna		Segunda columna	
1. calle	6. manos	11. rosario	16. terrible
2. cama	7. noche	12. melodiosa	17. oscura
3. hermana	8. grito	13. juntas	18. espada
4. campana	9. voz	14. baja	19. enferma
5. policía	10. árbol	15. esquina	20. olmo

D. Favor de cambiar el infinitivo a la forma correcta del presente, del imperfecto o del pretérito.

1. Parece que toda la gente *dormir* (......................................).
2. —Yo *querer* (......................................) hablar con usted— *decir* (......................................) un hombre.
3. El padre *estar* (......................................) cansado y *tener* (...........................) frío.

4. El buen padre *temblar* (..........................) cuando *mirar*
   (..........................) a la hermana.
5. Ahora él *recordar* (..........................) que su rosario *estar*
   (..........................) sobre la cama.
6. La próxima mañana el padre *levantarse* (..........................)
   temprano.
7. El padre *inclinarse* (..........................) sobre la cama.
8. —*Hacer* (..........................) más de un siglo que sus puertas
   no *abrirse* (..........................)— *decir* (..........................) los
   vecinos.
9. *Ser* (..........................) las nueve y el padre *oír* (..........................)
   un grito terrible.
10. *Llover* (..........................) mucho y *hacer* (..........................)
    viento.

E. Cosas que pueda hacer.

Dibuje un mapa de México e indique los veintinueve estados, dos
territorios y el Distrito Federal.

La hija del torrero   14

Veracruz es el puerto más importante de la costa
oriental de México. La ciudad fue fundada° *en*   **fue fundada** was founded
1519 por Hernán Cortés quien le dio el nombre de
la Villa Rica de la Vera Cruz. Generalmente hace
buen tiempo en Veracruz, pero en ciertas estacio-
nes° *hay huracanes y tempestades terribles.*   **estaciones** seasons

La isla de Sacrificios está cerca del puerto de
Veracruz. En esta pequeña isla se halla° un faro°   **se halla** is found
que ha salvado la vida de muchos marineros du-   **faro** lighthouse
rante los cuatro siglos de su existencia.

En la primera parte del siglo diecinueve había un
torrero° que se encargó del° faro. Se llamaba Feli-   **torrero** lighthouse keeper
pe. Era un hombre joven y valiente, muy dedicado   **se encargó del** had charge of
a su trabajo. Vivía felizmente en el faro con su
esposa Catalina y su hijita Teresa. Las quería
muchísimo.

Una mañana, Catalina le dijo a su hija que tenía
diez años:

—Para celebrar tu día de santo,° Teresa, puedes   **día de santo** birthday
acompañar a tu papacito a Veracruz. ¿Quieres ir,
hijita mía?

—¡Ay, sí, mamacita, con mucho gusto!— respondió la niña.

Así Felipe y su hija salieron en un bote° pequeño   **bote** boat
para Veracruz. Cuatro horas más tarde, cuando se

prepararon para volver a la isla, una gitana° vieja vino al bote.

gitana gypsy

—Buenas tardes— dijo la gitana. —Con su permiso, señor, voy a decir la fortuna a su hija.

—Muy bien, si la niña quiere saberla— respondió el torrero.

—¡Oh, sí, deseo saber si algún día voy a casarme con un príncipe.

Los tres rieron.

—Dame tu manecita, niña— dijo la gitana.

Después de mirar la mano por unos minutos, la gitana dijo: —Veo solamente una estatua, nada más. Creo que es una estatua de una persona valiente, cerca de la costa.

—¿Es una estatua de un príncipe?— preguntó la niña Teresa.

—Creo que no— respondió la gitana.

—Pues, ¿qué significa una estatua?— dijo el torrero que dio unos centavos a la gitana.

—Significa buena suerte, señor, y gracias por el dinero. ¡Que Dios los bendiga! Adiós— respondió la gitana.

Todo iba bien con el torrero y su familia hasta la próxima semana cuando una tarde la esposa, Catalina, se puso° enferma.

se puso became

—Voy al pueblo por medicina, pero vuelvo pronto porque vamos a tener una tempestad, según las nubes° negras. Tú, Teresa, favor de ser una enfermera buena y una torrera valiente— dijo Felipe que iba corriendo a su bote.

nubes clouds

El viaje al pueblo era difícil para el torrero. Hacía mucho viento, estaba lloviendo° y las olas° eran inmensas.

estaba lloviendo it was raining
olas waves

Al llegar a la costa, tres piratas salieron detrás de unas rocas grandes, prendieron° a Felipe, le ataron° las manos y los pies y lo pusieron entre dos rocas inmensas. Estos hombres iban a robar mu-

prendieron they took
ataron they tied

chos barcos que ahora no podrían llegar a la costa sin la luz del faro.

Cuando el torrero no llegó a casa, su familia se puso nerviosa.

—¡Ay, tu pobre papá y los pobres marineros que no pueden ver sin la luz del faro!— dijo Catalina. —Yo no puedo encender la luz porque estoy tan enferma.

—No se apure, mamá, voy a encender la luz— respondió la niña.

—Es imposible, Teresa. Eres tan pequeña.

La niña no oyó las palabras de su madre. Con fósforos° en la mano, subió la vieja escalera hasta la torre, pero no pudo alcanzar° la farola.°

Teresa llevó una silla pequeña, varias cajas de madera y libros grandes a la torre. Con estas cosas construyó° una escalera con la que pudo alcanzar la farola y encender la mecha.°

Un rayo de luz iluminó° el océano. Ya, aunque había una furiosa tempestad, todos los marineros en sus barcos llegaron a la costa sanos y salvos. Al ver la luz, los piratas se fueron° sin robar a nadie.

A la mañana siguiente, dos marineros encontraron a Felipe y le desataron° las cuerdas° de las manos y los pies. También le contaron de la luz de la farola de la noche anterior.

Después de comprar la medicina para su esposa, el torrero volvió al faro para una reunión feliz con su familia. Entre lágrimas° y besos, gozaron de° estar reunidos otra vez.

Algún tiempo después, el pueblo entero, demostrando su gratitud a la niña torrera, erigió° una linda estatua de Teresa la Valiente en la costa de Veracruz.

fósforos matches

alcanzar reach
farola large light or lantern

construyó she constructed
mecha wick

iluminó lighted

se fueron they went away

desataron they untied
cuerdas cords

lágrimas tears
gozaron de they enjoyed

erigió erected

Ejercicios

A. Termine usted las frases con las palabras más apropiadas.

1. En ciertas estaciones del año en Veracruz hay
    a) mucho ruido.
    b) muchos leones.
    c) huracanes y tempestades.

2. En la isla de Sacrificios hay
    a) un faro.
    b) hamburguesas.
    c) muchas flores.

3. Felipe era
    a) pirata.
    b) joven y valiente.
    c) un padre católico.

4. En su día de santo, Teresa fue
    a) a Cuernavaca.
    b) a Guanajuato.
    c) a Veracruz.

5. Felipe y su hija salieron
    a) en un bote pequeño.
    b) a pie.
    c) en dos burros.

6. La gitana vio en la mano de Teresa
    a) una estatua.
    b) un príncipe.
    c) la luna.

7. Felipe fue al pueblo por
    a) zapatos nuevos.
    b) medicina.
    c) una leche malteada.

8. Tres piratas salieron y
    a) prendieron a Felipe.
    b) cantaron alegremente.
    c) hablaron con Teresa.

9. Cuando el torrero no llegó a casa
   a) la familia fue de viaje.
   b) la familia comió sin él.
   c) la familia se puso nerviosa.

10. Un rayo de luz
    a) iluminó la cueva.
    b) iluminó el océano.
    c) iluminó la pirámide.

B. **Conteste usted en frases completas.**

   1. ¿Por quién fue fundada la ciudad de Veracruz?
   2. ¿En qué año?
   3. ¿Para qué sirve un faro?
   4. ¿Quiénes formaron la familia del torrero?
   5. ¿Con quién quería casarse Teresa?
   6. ¿Qué vio la gitana en la mano de Teresa?
   7. ¿Qué dio el torrero a la gitana?
   8. ¿Por qué era difícil el viaje?
   9. ¿Quién iba a encender la luz?
   10. ¿Qué erigió el pueblo?

C. **Favor de cambiar el infinitivo a la forma correcta del presente, del imperfecto o del pretérito.**

   1. Generalmente *hacer* (................................) buen tiempo.
   2. ¿Qué *significar* (................................) una estatua?
   3. Los tres *reír* (................................).
   4. Hay un torrero que *encargarse* (..) del faro.
   5. Una tarde Catalina *ponerse* (................................) enferma.
   6. Felipe y su hija *salir* (................................) en un bote pequeño.
   7. Teresa *construir* (................................) una escalera.
   8. Cuando ellos *prepararse* (..) para volver a la isla, una gitana *venir* (................................) al bote.
   9. Los marineros *encontrar* (................................) a Felipe.
   10. Ellos *gozar* (................................) de estar reunidos otra vez.
   11. El pueblo *erigir* (................................) una linda estatua de Teresa.

D. Ponga usted la palabra correcta en el espacio:
a, al, de, del, en, entre, para, por, sin.

1. La ciudad fue fundada .... Cortés.
2. Puedes acompañar .... tu padre .... Veracruz.
3. El torrero dio unos centavos .... la gitana.
4. Los piratas pusieron a Felipe .... dos rocas.
5. Los marineros no podrían ver .... la luz .... faro.
6. .... ciertas estaciones hay huracanes.
7. Voy .... encender la luz.
8. La isla está cerca .... puerto .... Veracruz.
9. Después .... comprar la medicina .... su esposa, el torrero volvió .... faro.

E. Cosas que pueda hacer.

Nombre las estaciones del año.

Madre

Nadie a una madre es igual:
Sólo en su amor inmortal
Toda la dicha se encierra,
Pues no hay amor en la tierra
Como el amor maternal.

José Rosas Moreno (México)

¿Quién es sabio?   15

La Universidad de México es la más antigua del
continente norteamericano. Fue fundada° en el   **fue fundada** was founded
año 1551. Actualmente° la universidad está a unas   **actualmente** at the pre-
pocas millas al sur de la capital en la Ciudad   sent time
Universitaria. Su arquitectura es una de las mara-
villas° de las Américas.   **maravillas** wonders

Esta leyenda trata de dos meteorólogos de la
Universidad y de un burro más sabio que los dos
científicos famosos.

Era el siglo XIX. Entre los profesores de la
Universidad de México había dos que eran muy
sabios° y muy famosos. Eran los meteorólogos   **sabios** wise
más distinguidos de su país. Durante el año esco-
lar,° enseñaron sus clases, escribieron libros y   **escolar** scholastic
pronunciaron discursos.° Pero cuando vinieron°   **pronunciaron discursos**
las vacaciones, los profesores viajaron por varias   they made speeches
                                                     vinieron came
partes de México para estudiar el tiempo.°   **tiempo** weather

Pues, empezaron las vacaciones. Este año los
meteorólogos iban° a estudiar el tiempo en los   **iban** were going
estados al norte de la capital. Llevaron sus apara-
tos meteorológicos, sus cuadernos grandes y sus
libros científicos.

Después de viajar por una semana, una tarde

llegaron a un pueblo donde vieron° burros por to-   **vieron** they saw
das partes — burros grandes y pequeños, viejos y
jóvenes, grises y cafés.

—Aquí hay más burros que gente— observó
uno de los profesores.

—Sí, es verdad— respondió su compañero. —Y
la gente los trata con respeto. ¡Qué curioso!

De repente,° los profesores observaron que ya   **de repente** suddenly
era tarde. Por eso buscaron dónde pasar la noche.

Al otro lado del camino vieron a una viejecita
que estaba parada° a la puerta de su casa. Los   **parada** standing
profesores decidieron pedirle permiso de pasar la
noche en su patio. Al llegar a la casa, uno de los
profesores dijo:

—Buenas tardes, señora. Si no es inconveniente, ¿podemos pasar la noche en su patio?

—Muy buenas tardes, señores. Pasen ustedes.
Esta es su casa. Pero deben dormir en la sala en
vez del patio— dijo° la vieja.   **dijo** said

—No, gracias, señora— le respondieron. —Nosotros queremos dormir en el patio porque la noche está muy hermosa.

—Ahora hace buen tiempo, señores, pero durante la noche va a llover— explicó la vieja.

—¡A llover! No es posible— dijo uno de los
profesores. —Usted está hablando con dos sabios
meteorólogos. Por nuestros aparatos y observaciones sabemos que la lluvia en estos días es
imposible. No hay el menor indicio;° la atmósfera   **indicio** indication
está clara, las únicas nubes son cirros, ° el higróme-   **cirros** cirrus, name given to certain type of clouds
tro° está seco y el barómetro está alto. Así no va a   **higrómetro** hygrometer, an instrument for measuring the degree of moisture
llover. Somos autoridades acerca del tiempo.

La vieja no dijo nada. Miró a los hombres con
una expresión de sorpresa.

—¿No entiende usted, señora?— preguntó el
profesor con una sonrisa.

—Lo siento, señor, pero no entiendo ni una palabra. Lo que entiendo es que va a llover esta noche—. Con estas palabras la vieja entró en la casa pequeña.

—La pobre señora es muy ignorante— observó uno de los profesores.

—Sí, es verdad— dijo el otro.

Ahora los sabios señores se sentaron en el patio y por dos horas escribieron en los cuadernos grandes sus observaciones científicas de ese día. Luego se acostaron en sus sarapes y pronto se durmieron.° Pero durante la noche hubo una lluvia fuerte, muy fuerte. Los profesores salieron de prisa° del patio y se acostaron en la sala.

se durmieron they fell asleep

de prisa quickly

A la mañana siguiente la vieja entró en la sala para hablar con los profesores.

—Usted es muy inteligente, señora, y nosotros somos estúpidos— dijeron los meteorólogos. —Por favor, díganos cómo sabía° que iba a llover.°

sabía did you know
iba a llover it way going

—Pues, es muy sencillo,° señores. Mi burrito, como todos los burros de este pueblo, es muy inteligente. Cuando va a llover, él entra en el establo° y rebuzna° tres veces muy fuertemente. Lo hizo° ayer por la tarde.

sencillo simple

establo stable
rebuzna he brays
hizo he did

—Compañero— dijo uno de los profesores —vámonos de aquí. En este pueblo los burros saben más que nosotros.

Cuando los sabios profesores volvieron a la Universidad, les contaron° a sus compañeros su aventura. Todos se rieron a carcajadas.°

contaron they told

se rieron a carcajadas laughed heartily

Se dice que después de unos días, los niños que vivían o que jugaban cerca de la Universidad gritaban a sus amiguitos esta rima:

A, E, I, O, U,
El burro sabe
Más que tú.

Ejercicios

A. Termine usted las frases con las palabras más apropiadas.

1. La Universidad de México
   a) no existe.
   b) es la más antigua de Norteamérica.
   c) no tiene estudiantes.

2. Durante las vacaciones los profesores
   a) enseñaron sus clases.
   b) escribieron libros.
   c) viajaron por varias partes de México.

3. En el pueblo del norte de México vieron
   a) muchos burros.
   b) mucha plata.
   c) muchos estudiantes.

4. Los profesores durmieron
   a) toda la noche.
   b) en la sala.
   c) en el patio.

5. La señora dijo que durante la noche
   a) iba a hacer frío.
   b) iba a llover.
   c) iba a hacer calor.

6. En el cielo
   a) no había nubes.
   b) había muchos pájaros.
   c) había Superhombre.

7. Los profesores creyeron que la pobre señora
   a) era profesora.
   b) era muy bonita.
   c) era muy ignorante.

8. Los profesores se acostaron en
   a) sus camas.
   b) sus sarapes.
   c) sus burros.

9. Por la noche
   a) había una lluvia fuerte.
   b) había mucho ruido.
   c) brilló la luna.

10. Cuando iba a llover, el burro
   a) se acostó.
   b) habló español.
   c) rebuznó tres veces.

B. Conteste usted en frases completas.

1. ¿De cuál universidad eran los profesores?
2. ¿Cuántos años tiene la Universidad?
3. ¿Adónde viajaron los dos profesores de la leyenda?
4. En este pueblo de la leyenda, ¿qué animal hay en abundancia?
5. ¿Qué iban a estudiar los profesores?
6. ¿Dónde pasaron la noche los profesores?
7. ¿Por qué durmieron en el patio?
8. ¿Qué pasó por la noche?
9. ¿Cómo sabía la señora que iba a llover?
10. ¿Qué hacía el burro cuando iba a llover?

C. Busque usted en esta leyenda lo contrario de estas palabras.

1. norte   6. posible
2. día   7. mal
3. grandes   8. estúpido
4. ciudad   9. temprano
5. muchas   10. van

D. Ponga usted la palabra correcta en el espacio.

1. Entre los profesores de .... Universidad .... México había .... que eran muy ....
2. Los .... viajaron por varias .... de México.
3. Una .... llegaron a .... pueblo.
4. Durante .... noche había una .... fuerte.
5. Los profesores .... de prisa .... patio y se .... en la sala.

6. La .... tenía .... burro que era muy
....

7. Cuando iba .... llover, el burro entró .... el
.... y rebuznó .... veces.

E. Cosas que pueda hacer.

1. Diga las letras del alfabeto español.
2. Pronuncie las vocales y diga una palabra que empieza con cada una.
3. Busque las expresiones del tiempo en la leyenda y úselas en una frase.

El premio gordo 16

Guadalajara es la segunda ciudad de México en cuanto a° su población. Es una ciudad que conserva lo bonito° del pasado con la vida moderna. Hay muchas familias muy distinguidas que viven en Guadalajara. Para ellas no hay una ciudad más bonita. Esta leyenda se trata de una familia modesta de Guadalajara.

en cuanto a as for

lo bonito that which is beautiful

Don Andrés Ramírez y su esposa, doña Marta, vivían en una casa modesta en la ciudad de Guadalajara, famosa por su gran catedral y su música de los mariachis.°

Un día, su sobrino° Enrique, que vivía en la Ciudad de México, vino a visitarlos. Después de su visita y antes de salir, el sobrino le dijo a su tío:

mariachis bands of musicians

sobrino nephew

—Mañana cuando llegue a la capital, voy a comprarle un billete de lotería.° Vamos a ver si usted tiene mejor suerte° que yo.

—Muchas gracias, Enrique. Eres muy amable. ¿Cuántos pesos recibo si gano el premio gordo?°

billete de lotería lottery ticket
suerte luck

premio gordo first prize

—Muchísimos pesos, tío, $20.000 probablemente. Si usted gana, voy a traerle el dinero el próximo mes cuando vuelva a Guadalajara.

Una semana más tarde un joven vino a la casa

de don Andrés con un telegrama. Era uno de los primeros telegramas que llegó a la ciudad.

Don Andrés, muy nervioso, corrió a la cocina y gritó a su esposa:

—Mira, Martita, tengo un telegrama de Enrique.

—Pues bien,° léelo pronto, Andrés.

pues bien well then

Con manos trémulas,° don Andrés abrió el telegrama y leyó: «Querido tío, Usted ganó el premio gordo. Los visito en tres semanas. Enrique.»

trémulas trembling

—¡Ay, Marta, somos ricos! Ahora podemos comprar un piano, alfombras° nuevas y...

alfombras carpets

—También, Andrés, vamos a comprar ropa nueva. ¡Qué buena suerte tienes! Con tu primer billete ganas una fortuna— exclamó la esposa.

—Sí, gracias a Enrique— respondió don Andrés. —Ahora voy a visitar a don Felipe, el prestamista, para pedir prestados° quinientos pesos, una parte del premio gordo. Le devolveré el dinero con interés cuando Enrique venga el próximo mes.

pedir prestados to borrow

Dicho y hecho.°

Dicho y hecho No sooner said than done

En los días siguientes, don Andrés y doña Marta estaban muy ocupados. Primero, fueron a la mueblería. Compraron muebles nuevos para cada cuarto de su casa. Entonces visitaron al sastre° y a la modista.° Después, compraron sombreros y zapatos nuevos.

sastre tailor
modista dressmaker

Como los dos eran generosos, daban fiestas costosas para sus vecinos y sus amigos. Había bonitas piñatas para los niños; y para todos, jóvenes y viejos, había unas comidas sabrosas y mariachis que tocaron música hora tras hora.

Al fin, los tíos recibieron una carta de Enrique. El iba a llegar por tren en dos días.

En ese día los tíos se vistieron con su ropa costosa y fueron a la estación del ferrocarril.°
Don Andrés que llevó un traje negro y un sombrero de copa° parecía un embajador. Doña Marta, con su

ferrocarril railway

sombrero de copa top hat

96

vestido de seda, parecía una señora rica y noble.

Después de abrazos y saludos cordiales de parte de los tíos y Enrique, don Andrés dijo:

—Aquí está el coche que va a llevarnos a casa. Ahora no tenemos que ir a pie.

Enrique estaba sorprendido de que sus tíos se vistieran con° ropa tan elegante y que tuvieran dinero para ir en coche. Pero él no dijo nada hasta que llegaron a casa y vio los muebles nuevos.

se vistieran con they dressed themselves in

—Mis queridos tíos, observo con gusto que ustedes tienen muchas cosas nuevas. ¿Cómo es posible?— dijo el sobrino.

—¡Qué pregunta curiosa, Enrique! Aquí está tu telegrama que me dice que gané° el premio gordo— dijo el tío.

gané I won

Enrique tomó el telegrama y lo leyó. Entonces sacó de su bolsillo una copia del telegrama que envió° de la Ciudad de México. Leyó en voz alta: «Querido tío, Usted *no* ganó el premio gordo. Le visito en tres semanas.» Como ustedes ven, el telegrafista° hizo un error y omitió la palabra «no» en el telegrama que llegó a Guadalajara.

envió he sent

telegrafista telegraph operator

—¡Ay, ay! ¿Qué vamos a hacer? Le debo quinientos pesos al prestamista— don Andrés lloró.

lloró cried

—No tenga usted cuidado, tío. En estos días gano mucho dinero en mis negocios.° Por eso, voy a darle el dinero para el prestamista y también un regalo de quinientos pesos para usted y mi tía Marta. Ahora vamos a celebrar y comer en el mejor restaurante de Guadalajara.

negocios business affairs

Ejercicios

A. Termine usted las frases con las palabras más apropiadas.

1. Don Andrés Ramírez y su esposa vivían
    a) en un templo.
    b) en el rancho grande.
    c) en una casa modesta.

2. Su sobrino iba a comprar
    a) una leche malteada.
    b) un billete de lotería.
    c) un bote.

3. Don Andrés quería
    a) ganar el premio gordo.
    b) un alacrán.
    c) ir a la isla Sacrificios.

4. El telegrama dijo que don Andrés
    a) era estúpido.
    b) ganó el premio gordo.
    c) no trabajó.

5. Don Andrés abrió el telegrama
    a) con manos trémulas.
    b) con los pies.
    c) con la boca.

6. Don Andrés visitó al
    a) doctor.
    b) dentista.
    c) prestamista.

7. Don Andrés y doña Marta tenían piñatas
    a) para los perros.
    b) para los piratas.
    c) para los niños.

8. Doña Marta con su vestido de seda parecía
    a) un gallo.
    b) un gatito.
    c) una señora rica.

9. Ellos fueron a la estación
   a) en coche.
   b) a pie.
   c) corriendo.

10. El telegrafista
    a) ganó el premio gordo.
    b) fue al cine.
    c) omitió una palabra.

B. Conteste usted en frases completas.

1. ¿Qué quería comprar el sobrino?
2. ¿Quién vino a la casa con un telegrama?
3. ¿Quién leyó el telegrama?
4. ¿A quién visitó don Andrés?
5. ¿Qué compraron don Andrés y su esposa?
6. ¿Por qué fueron a la estación del ferrocarril?
7. ¿Quién parecía un embajador?
8. ¿Cómo fueron a la casa?
9. ¿Por qué estaba sorprendido Enrique?
10. ¿Dónde comieron?

C. En el espacio, ponga usted la palabra correcta.

población	tíos	estación
cocina	segunda	billete
zapatos	manos	bonitas
telegrama	costosa	mejor
modesta	cuidado	niños

1. Vivían en una casa ....
2. Había piñatas .... para los ....
3. Guadalajara es la .... ciudad de México en cuanto a su ....
4. Don Andrés corrió a la ....
5. Con .... trémulas, don Andrés abrió el ....
6. Los .... se vistieron con su ropa ....
7. No tenga usted .... , tío.
8. Vamos a ver si usted tiene .... suerte que yo.
9. Voy a comprarle un .... de lotería.

Spanish-English Vocabulary

All words that appear in the text are included here, except for exact or very close cognates, definite articles, some pronouns, cardinal numbers and names of people, months and days.

The following abbreviations are used:

adj., adjective
adv., adverb
conj., conjunction
dim., diminutive
f., feminine
irreg., irregular
m., masculine
n., noun
p.p., past participle
pl., plural
prep., preposition
pres. p., present participle
pron., pronoun
sing., singular

Gender is shown for all nouns, except masculine nouns that end in **-o,** feminine nouns that end in **-a** or nouns referring to male or female beings. Irregular verbs are marked with *(irreg.)*. Stem changing verbs have the change indicated in parentheses: **cerrar (ie), contar (ue), pedir (i).** Verbs like **conocer** have **(-zco)** in parentheses. Verbs like **construir** have **(-uyo)** in parentheses. Verbs ending in **-eer** are conjugated like **creer.**

A

a to, at, in, on, by
abajo down, low, bottom
abrazado *(p.p.)* in embrace
abrazar (c) to embrace
abrazo embrace
abreviatura abbreviation
abrir to open
abuelo grandfather
abundancia abundance
Acapulco port on the West coast of Mexico
aceptar to accept
acerca de about, concerning
acercarse (qu) (a) to approach
acompañar to accompany
acostarse (ue) to go to bed, to lie down
actitud *f.* attitude
activo, -a *(adj.)* active
actualmente today, at the present time
a. de J. C. (antes de Jesucristo) before Christ
adelante forward
  en adelante henceforth
además *(adv.)* besides
  además de *(prep.)* besides
adiós goodbye
adivinanza riddle
adivinar to guess
adjetivo adjective
admiración *f.* admiration, wonder
admirar to admire
adoptivo, -a *(adj.)* foster
  padres adoptivos foster parents
adornar to adorn
afortunadamente fortunately
águila eagle
ahí there
ahora now
al (a + el) to the, at the
al + *inf.* upon doing something
alabar to praise
alacrán *m.* scorpion
alcanzar (c) to reach
alegrar to make happy
alegre *(adj.)* happy
alegremente happily

alegría happiness, joy
alfabeto alphabet
alfombra carpet
algodón *m.* cotton
alguno (algún), -a *(adj.)* some, any
alto, -a *(adj.)* high; loud (of a voice)
  en voz alta out loud, in a loud voice
altura height
alumbrar to light up
allí there
amable *(adj.)* kind, friendly
amado, -a *(adj.)* loved, beloved
amar to love
amargamente bitterly
amarillo, -a *(adj.)* yellow
amigo, -a friend
amiguito, -a little friend
amo master
andar *(irreg.)* to walk
ángel *m.* angel
angustiado, -a *(adj.)* in anguish
animalito little animal
aniversario anniversary
ante *(prep.)* before, in the presence of
anteayer day before yesterday
anterior *(adj.)* previous, before
antes *(adv.)* first, before, previously
  antes + de *(prep.)* before
  antes (de) que *(conj.)* before
antiguo, -a *(adj.)* old, ancient
anunciar to announce
año year
apagar (gu) to put out, turn off
aparato apparatus
aparecer (-zco) to appear
apropiado, -a *(adj.)* appropriate
apurarse to worry
aquel, aquella, aquellos, aquellas *(adj.)* that, those (over there)
aquí here
arañar to scratch
árbol *m.* tree
arquitectura architecture
arriba above, over, up
  arriba de on top of
arrojar to throw
arte *m.* or *f.* art, skill
así thus, so

asomar to show, let show, stick out, lean out, appear
asombrar to astonish, surprise
  asombrado, -a *(p.p.)* surprised
astronauta *m.* astronaut
astuto, -a *(adj.)* shrewd, clever
ataque *m.* attack
atar to tie
  atado, -a *(p.p.)* tied
atmósfera atmosphere
atormentar to torment, bother
atrás back (ward), behind
atreverse (a) to dare
aunque although
autoridad *f.* authority
avanzado, -a *(adj. & p.p.)* advanced
aventura adventure
¡ay! oh!
ayer yesterday
ayuda help
ayudar (a) to help
azahar *f.* or *m.* orange or lemon blossom(s)
azteca *m. & f. (adj.)* Aztec, an Indian tribe of central Mexico
azul blue
azulejo glazed tile

B

baile *m.* dance
bajo, -a *(adj.)* low
banco bench
barco boat, ship
barómetro barometer
barro clay
basílica basilica, large and magnificent church
bastante enough, rather, somewhat
batalla battle
belleza beauty
bello, -a *(adj.)* beautiful
  Bella Durmiente Sleeping Beauty
bendecir (i, j) to bless
  ¡Qué Dios los bendiga! May God bless you!
bendición *f.* blessing

besar to kiss
beso kiss
bien well
  está bien all right
bienvenida welcome
bienvenido, -a *(adj.)* welcome
billete *m.* ticket
bizcocho biscuit, cooky
blanco, -a *(adj.)* white
blusa blouse
boca mouth
boda wedding
bolsa bag, purse
bonito, -a *(adj.)* pretty
bordado, -a *(adj.)(p.p.)* embroidered
bosque *m.* woods
bota boot
bote *m.* boat
brazo arm
brillante *(adj.)* brilliant
brillar to shine
brincar (qu) to jump, leap
brinco jump, leap
bruja witch
bueno (buen), -a *(adj.)* good, fine
burlarse de to make fun of, to trick
burro donkey, burro
  burrito little burro
busca search
buscar (qu) to look for
  busque usted look for

C

caballero gentleman
caballo horse
  a caballo on horseback
cabaña hut
cabello hair
cabeza head
cacao cocoa (plant and product)
cacto cactus
cada each
caer *(irreg.)* to fall
  cayó fell
caja box
  cajita small box

calor *m.* heat, warmth
  tener calor to be (feel) warm
  hacer calor to be warm, hot
  (weather)
calle *f.* street
cama bed
cambiar to change
cambio exchange
  en cambio on the other hand
caminar to walk
camino road, way
campana bell
campo field, country (opposite of city)
canción *f.* song
canoa canoe
cansado, -a *(adj.)* tired
cantar to sing
cantando *(pres. p.)* singing
capilla chapel
capital *f.* capital (city)
capitán *m.* captain
capturar to capture
  capturado, -a *(p.p.)* captured
cara face
carcajada hearty laughter
  reírse a carcajadas to laugh heartily
carga freight, cargo
cargamento cargo, shipment
cariño affection
carrera race
carta letter
casa house, home
  a casa home
  en casa at home
casar(se) con to marry
casita little house
casi almost
catedral *f.* cathedral
católico, -a *(adj.)* Catholic
causa cause
  a causa de because of
causar to cause
celda cell
celebrar to celebrate
celoso, -a *(adj.)* jealous
celestial *(adj.)* celestial, heavenly
centavo cent
centro center

cerca *(adv.)* near, nearby
  cerca de *(prep.)* near
ceremonia ceremony
cerrar (ie) to close
  cerrado, -a *(p.p.)* closed
cesto large basket
cielo sky, heaven
científico, -a *(adj.)* scientific
ciento (cien) one hundred
cierto, -a *(adj.)* certain
címbalo small bell
cine *m.* movies, movie house
cirrus cirrus (name given to certain type
  of clouds)
ciudad *f.* city
civilización *f.* civilization
claro, -a *(adj.)* clear
clase *f.* class, classroom, kind
cobre *m.* copper
cocina kitchen
coco coconut
coche *m.* coach, car
coger (j) to catch, pick (up)
  cogió he picked
cola tail
colgar (ue) to hang (up)
colina hill
colonia colony
colorado, -a *(adj.)* red, colored
columna column
collar *m.* collar, necklace
comandante en jefe *m.* commander
  in chief
comentar to comment
comenzar (ie) to begin
comer to eat
comerse to eat up
comercial *(adj.)* commercial
comerciante *m.* merchant
comercio commerce, trade
comida food, meal
como as, like
¿cómo? how?, what?
compañero, -a companion
comprar to buy
  compré I bought
común common
  nombre común common name

con with
conde *m.* count
conducta conduct
conejo rabbit
  conejito little rabbit
confesión *f.* confession
confundido, -a *(adj.)* confused
confuso, -a *(adj.)* confused
conmigo with me
conocer (-zco) to know (a person)
  conocido, -a *(p.p. & adj.)* well-known
conquista conquest
conquistador conqueror
conservar to keep, preserve
consistir (en) to consist (of)
construir (-uyo) to construct
contar (ue) to tell, count
contento, -a *(adj.)* content(ed), happy
contestar to answer
continente *m.* continent
continuar (-úo) to continue
contra against
contrario contrary, opposite
  al contrario on the contrary
convencido, -a *(adj.)* convinced
cooperar to cooperate
copiar copy
corazón *m.* heart
correcto, -a *(adj.)* correct
correr to run
  corriendo *(pres. p.)* running
corresponder to correspond, belong to
Cortés, Hernán Spanish explorer who arrived in Mexico in 1519
cortesía courtesy
cosa thing
costa coast
costar (ue) to cost
costoso, -a *(adj.)* costly
costumbre *f.* custom
coyote *m.* coyote, a kind of wolf
crecer (-zco) to grow
creer *(irreg.)* to believe, think
  creo que no (sí) I believe not (so)
criado, -a servant
cuaderno notebook
¿Cuál? which (one)?, what?
cuando when

de cuando en cuando from time to time
¿cuándo? when?
cuanto, -a *(adj.)* all, all that
  en cuanto a as for, as to
¿cuánto? how much?, *(pl.)* how many?
cuarto room
Cuauhtémoc Aztec emperor
cubierto, -a *(adj.) (p.p.)* of cubrir covered
cubrir to cover
cucaracha cockroach
cuenta bead, bill
  darse cuenta de to realize
cuento story
cuerda cord
cuerpo body
cueva cave
cuidado care, worry
  no tenga usted cuidado don't worry
  ¡cuidado! look out!
cuidar to take care
culebra snake
cultura cultura
cumpleaños *m.* birthday
cura *m.* priest
curar to cure
curiosidad *f.* curiosity
curioso, -a *(adj.)* curious, strange

CH

chimenea chimney, hearth
china poblana girl who dances el jarabe tapatío; costume worn by girl
chino, -a *(adj.)* Chinese

D

dado, -a *(adj.) (p.p.)* given
dama lady
daño hurt, damage
  hacer daño a to hurt
dar *(irreg.)* to give, strike (the hour)
  darse cuenta de to realize
de of, from, with, by, about, than (before a numeral)

debajo (de) under, beneath
deber to owe, ought, should
débil *(adj.)* weak
decidir to decide
decir *(irreg.)* to say, tell
  se dice it is said
  dile tell him
  diciendo *(pres. p.)* saying
decisión *f.* decision
decorar to adorn
  decorado, -a *(p.p. & adj.)* adorned
d. de J. C., después de Jesucristo
  after Christ
dedicar (qu) to dedicate
  dedicado, -a *(p.p.)* dedicated
dejar to leave, let
  dejar de to stop
del (de + el) of the, from the
delante (de) in front of, before
delicioso, -a *(adj.)* delicious
demostrar (ue) to show
dentista *m.* dentist
dentro *(adv.)* inside, within
  dentro de *(prep.)* inside of
derecha right
derecho, -a *(adj.)* right
  a la derecha to (on) the right
desanimado, -a *(adj.)* discouraged
desaparecer (-zco) to disappear
desastre *m.* disaster
desatar to untie
descansar to rest
  descansando *(pres. p.)* resting
descendiente *m. & f.* descendant
desconocido, -a *(adj.)* unknown
descubrir to discover
desde from, since
desear to desire, wish, want
desgraciadamente unfortunately
desmayarse to faint
despacio slow, slowly
despertar(se) (ie) to wake up
después *(adv.)* afterwards, then, later
  después de *(prep.)* after
desterrar (ie) to exile, banish
destinación *f.* destination
detective *m. & f.* detective
detrás *(adv.)* behind

detrás de behind, in back of
devolver (ue) to return, give back
día *m.* day
  al día siguiente on the following day
  de día by day
  hoy día nowadays
  el día de hoy nowadays
  día de santo birthday
  día de fiesta holiday
diamante *m.* diamond
dibujar to draw
dicho, -a *(p.p.)* said
  dicho y hecho no sooner said than done
difícil *(adj.)* difficult
difícilmente *(adv.)* with difficulty
dificultad *f.* difficulty
dignidad *f.* dignity
dinero money
Dios God
  dios, -a a god, goddess
dirección *f.* direction, address
discusión *f.* discussion, argument
discurso speech
  pronunciar un discurso to make a speech
discutir to discuss
diseño design
dispuesto, -a *(adj.)* ready
distinguido, -a *(adj.)* distinguished
divertir(se) (ie, i) to amuse oneself
divino, -a *(adj.)* divine
doblar to turn
dolor *m.* pain
don title used before a man's first name
donde where
  ¿dónde? where?
  ¿adónde? where?
doña title used before a woman's first name
dorado, -a *(adj.)* golden
dormido, -a *(adj.) (p.p.)* asleep, sleeping
  durmiendo *(pres. p.)* sleeping
dormir (ue) to sleep
  dormirse to fall asleep
  Bella Durmiente Sleeping Beauty

duda doubt
dulce *(adj.)* sweet
durante during
duro, -a *(adj.)* hard

E

e and (in place of y before a word
beginning with *i, hi,* or *y)*
echar to throw (out)
edad *f.* age
edificar (qu) to build
  que edifique that he build
edificio building
egoísta *(adj.)* selfish
ejemplo example
ejército army
él he, him, it (object of a preposition)
elegante *(adj.)* elegant
ella she, her, it (object of a preposition)
ellos, -as they, them
embajador *m.* ambassador
emperador *m.* emperor
empezar (ie) to begin
en in, on, at
enamorado, -a (de) *(adj.)* in love (with)
enamorarse (de) to fall in love (with)
enano dwarf
encaje *m.* lace
encargarse (de) (gu) to take charge of
encender (ie) to light
encerrar (ie) to enclose, contain
encima on top of, above
encontrar (ue) to find, meet
enemigo, -a enemy
enfermarse to become ill
enfermedad *f.* illness
enfermo, -a *(adj.)* sick, ill
  el enfermo, la enferma *(n.)* sick
  person
enojado, -a *(adj.)* angry
enseñar to teach
entender (ie) to understand
entero, -a *(adj.)* entire, whole
entonces then
entrada entrance

entrar (en or a) to enter
entre between, among
entusiasmo enthusiasm
enviar to send
  envió he sent
envolver (ue) to wrap (up)
  envuelto, -a *(p.p.)* wrapped (up)
época epoch, period
erigir (j) to erect
era, eran (ser) was, were
escalera staircase
escolar *(adj.)* academic
esconder to hide
  escondido, -a *(p.p.)* hidden
escribir to write
  escrito, -a *(adj.) (p.p.)* written
ese, esa *(adj.)* that (near you)
  esos, esas those; **ése, ésa, ésos,
  ésas** *(pron.)* that one, those
esforzado, -a *(adj.)* courageous
esmeralda emerald
eso that (in general)
  por eso therefore, that's why
espacio space
espada sword
España Spain
  Nueva España name given to Mexico
  during colonial period
español, -a *(adj.)* Spanish
  español *(n.)* Spaniard
especia spice
especialmente *(adv.)* especially
esperar to hope, wait (for), expect
esposa wife
esposo husband
esqueleto skeleton
esquina (street) corner
establecer to establish
establo stable
estación *f.* season, station
estado state
  los Estados Unidos (EE. UU.)
  United States (USA)
estar *(irreg.)* to be
  estaba, estuvo he (she) was
estatua statue
este, esta *(adj.)* this
  estos, estas these

éste, ésta, éstos, éstas *(pron.)* this one, these
este *m.* east
estimado, -a *(p.p.)* esteemed
estudiante *m. & f.* student
estudiar to study
estúpido, -a *(adj.)* stupid
Europa Europe
evidente *(adj.)* evident
examen *m.* examination
exclamar to exclaim
existencia existence
existir to exist
  existió existed
explicar (qu) to explain
explorador *m.* explorer
expresión *f.* expression
extranjero, -a *(adj.)* foreign
extraño, -a *(adj.)* strange

F

fácil *(adj.)* easy
  fácilmente easily
falda skirt
falta fault, lack
faltar to be lacking
familia family
famoso, -a *(adj.)* famous
fantástico, -a fantastic
faro lighthouse
farola large light or lantern
favor *m.* favor
  haga el favor de please...
  favor de please
  por favor please
federal federal
felicitación *f.* contratulation(s)
felicitar to congratulate
feliz *(adj.)* happy
felizmente happily
feo, -a *(adj.)* ugly
ferrocarril *m.* railroad
fiesta celebration, festival
día de fiesta holiday
fijarse (en) to pay attention, notice

figura figure
Filipinas Philippines, a Republic of some 7000 islands, SE of China
filial pertaining to son or daughter
fin *m.* end
  al fin finally, at last
finalmente *(adv.)* finally
fino, -a *(adj.)* fine
flor *f.* flower
floresta wooded place
fogón *m.* hearth, fireplace
fondo bottom
forma form
formar to form
fortuna fortune
fósforo match
fragante *(adj.)* fragrant
fraile *m.* friar, monk
frase *f.* sentence, phrase
fray *m.* friar
frijoles *m. (pl.)* beans
frío, -a *(adj.)* cold
  tener *(irreg.)* **frío** to be or feel cold
  hacer frío to be cold (weather)
fruta fruit
fuego fire
fuera outside
fuerte *(adj.)* hard, loud, strong, severe
fundar to found, establish
  fue fundado, -a was founded
furioso, -a *(adj.)* furious, raging

G

gallo rooster
ganar to earn, win, gain
  gané I won
gatito, -a kitten
gato cat
generalmente generally
generoso, -a *(adj.)* generous
gente *f.* people
gentil *(adj.)* genteel
gitano, -a gypsy
golondrina swallow (bird)
golpear to strike

gordo, -a *(adj.)* fat
  premio gordo first prize
gozar (de) (c) to enjoy
gracias thanks, thank you
gracioso, -a *(adj.)* gracious
grande (gran) *(adj.)* large, great, big
gratitud *f.* gratitude
grave *(adj.)* grave, serious
grillo cricket
gritar to shout
grito shout
Guadalajara second city of Mexico and capital of Jalisco
Guanajuato state of Mexico and its capital, originally called Guanaxuato (Hill of the Frogs) by the Tarascan Indians who first inhabited it
guapo, -a *(adj.)* handsome
guardar to guard, keep
  guardar silencio keep silence
guerra war
guerrero warrior
gustar to like, please
gusto pleasure
  con mucho gusto with much pleasure, gladly

H

haber *(irreg.)* (auxiliary verb) to have
  hay there is, there are
  había there was, there were
habla española Spanish speaking
hablar to speak
hacer *(irreg.)* to do, make
  hace (+ expression of time) ago
  hacerse to become
  que hagas daño that you might hurt
  hizo he did
  haciendo doing
hacia *(prep.)* toward
hallar to find
  se halla is found
hamburguesa hamburger
hasta *(prep.)* until, up to
  hasta *(adv.)* even
  hasta que *(conj.)* until

hay there is, there are
hecho, -a *(p.p.)* done, made
heredero heir
hermano brother
hermoso, -a *(adj.)* beautiful
héroe *m.* hero
hierba grass
higrómetro hygrometer, an instrument for measuring the degree of moisture
hija daughter
  hijita little daughter
hijo son
  hijos *(pl.)* sons, children
hispanoamericano, -a *(adj.)* Spanish American
historia history
historiador *m.* historian
hombre *m.* man
honrar to honor
hora hour
hoy today
  hoy día nowadays
huella trace
huevo egg
húmedo, -a *(adj.)* damp
humilde *(adj.)* humble
humo smoke
humor *m.* humor
hundir(se) to sink
huracán *m.* hurricane

I

iglesia church
ignorante *(adj.)* ignorant, stupid
igual equal, same
iluminar to light up
ilustre *(adj.)* illustrious
imagen *f.* likeness, figure, image
imaginar(se) to imagine
impaciencia impatience
impaciente *(adj.)* impatient
implorar to implore
importante important
importar to matter, to be important
  no importa it doesn't matter
imposible *(adj.)* impossible

inclinarse to stoop
inconveniente *(adj.)* inconvenient
indicar to indicate
  indique indicate
indicativo indicative
  presente indicativo present indicative
indicio indication, sign
indio, -a *(adj.)* Indian
  indio *(n.)* Indian
industrioso, -a *(adj.)* industrious
infinitivo infinitive
inmediatamente *(adv.)* immediately
inmenso, -a *(adj.)* immense
inmortal *(adj.)* immortal
insecto insect
instante *m.* instant
  al instante instantly
inteligente *(adj.)* intelligent
interesante *(adj.)* interesting
interés *m.* interest
interrumpir to interrupt
invención *f.* invention
invitado, -a guest
invitar to invite
  invitado, -a *(p.p. & adj.)* invited
ir *(irreg.)* to go
  irse to go away
  ir a to go to, to be going to
  vámonos let's go (away)
isla island
izquierda *f.* left

J

jarabe tapatío national dance of Mexico
jardín *m.* garden
jarocho person from Veracruz
jefe *m.* chief, leader
joven *(adj.) (pl.* **jóvenes)** young
  joven *(n.)* young person
joya jewel
jugar (ue) to play (a game)
junto, -a *(adj.)* (usually *pl.)* together
  junto a *(prep.)* next to, near

L

la the *(f. sing.),* her, it (object of a verb)
lado side
ladrar to bark
  ladraban were barking
ladrón *m.* thief
lagarto alligator (Mexico)
lágrima tear (crying)
lago lake
largo, -a *(adj.)* long (not large!)
lástima pity
  ¡qué lástima! what a pity
le him, you (Ud.), direct object of a verb
  le to him, to her, to it, to you, indirect object of a verb
leche *f.* milk
  leche malteada malted milk
lecho *m.* bed
lechuga lettuce
lechuza owl
leer *(irreg.)* to read
lejos *(adv.)* far, far away
  lejos de *(prep.)* far from
lentamente slowly
león *m.* lion
levantar to raise
  levantarse to get up
ley *f.* law
leyenda legend
lindo, -a *(adj.)* pretty, beautiful
línea line
listo, -a *(adj.)* ready
lo him, it, you (Ud.), direct object of a verb
  lo que what
lobo wolf
loco, -a *(adj.)* crazy, mad
los the *(m. pl.),* them, direct object of a verb
lotería lottery
luego *(adv.)* then
  hasta luego so long
luna moon
luz *f.* light

LL

llama flame
llamar to call, name
  llamarse to be called or named
llegar (gu) to arrive
  llegar a ser to become
  al llegar upon (on) arriving
  llegando *(pres. p.)* arriving
llevar to take, carry, wear
  llevarse to carry off
  llevado, -a *(p.p.)* taken
llorar to cry
  llorando *(pres. p.)* crying
llover (ue) to rain
  llover a cántaros to rain bucketsful
  lloviendo *(pres. p.)* raining
lluvia rain

M

madera wood
madre *f.* mother
maestro, -a teacher
magia magic
mágico, -a *(adj.)* magic
magnífico, -a *(adj.)* magnificent
majestad *f.* majesty
mal *(adv.)* badly
  mal *(adj.)* (before a *m. sing.*
  noun) bad
malo (mal), -a *(adj.)* bad
mamá mama, mother
  mamacita dear mother
mandar to send, order
manecilla hand (of a clock)
manera way, manner
Manila port city and former capital of
the Philippines
mano *f.* hand
  manecita little hand
manta blanket
mañana *(adv.)* tomorrow
  mañana *(n.)* morning
mapa *m.* map

mar *(m. & f.)* sea
maravilla marvel
maravilloso, -a *(adj.)* marvelous
mariachis *m.* bands of musicians
marinero sailor
más more, most
matar to kill
maternal pertaining to mother,
maternal
maya *(m. or f.)* Maya
  maya *(adj.)* Mayan, one of a tribe of
Central American and Mexican Indians
having an advanced civilization
mayor greater, greatest
medianoche *f.* midnight
medicina medicine
médico doctor
medio, -a *(adj.)* half
meditación *f.* meditation
mejor better, best
mejorar to improve, get better
melodioso, -a *(adj.)* melodious
memoria memory
menor smaller, smallest
  el menor least
menos less, least, minus, except
mercancía (often *pl.*) merchandise
merecer (-zco) to deserve
mes *m.* month
mesa table
metal *m.* metal
meteorológico, -a meteorological
meteorólogo *m.* meteorologist
mexicano, -a *(adj.)* Mexican
mexicano *(n.)* Mexican
mi(s) my
mí me, object of a *prep.*
miedo fear
  tener miedo (a) to be afraid (of)
  no tengas miedo do not be afraid
mientras (que) *(conj.)* while
  mientras tanto meanwhile
mil a thousand
milagrosamente *(adv.)* miraculously
milla mile
milpa an area of land
mina mine (gold, silver, etc.)
minuto minute

mío, mía, míos, mías mine, of mine
mirada glance, look
mirar to look (at)
misa mass (church)
mismo, -a *(adj.)* same, self, very
misterio mystery
Moctezuma Aztec emperor
moderno, -a *(adj.)* modern
modesto, -a *(adj.)* modest
modista dressmaker
momento moment
monarca *m.* monarch, king
monasterio monastery
mono monkey
montaña mountain
moreno, -a *(adj.)* brunette, darkhaired or complexioned
morir(se) (ue, u) to die
  se murió died
mover(se) (ue) to move
movimiento activity
muchacha girl
muchísimo, -a *(adj.)* very much
  muchísimos *(pl.)* a great many
  muchísimo *(adv.)* a great deal
mucho, -a *(adj.)* much
  muchos *(pl.)* many
  mucho *(adv.)* very much
mueble *m.* piece of furniture
  muebles *(pl.)* furniture
mueblería furniture store
muerte *f.* death
muerto, -a *(adj. & p.p.)* dead
mujer *f.* woman
mundo world
  todo el mundo everybody
música music
muy very

N

nacimiento birth
nada nothing, not at all
  nada (with a negative) anything
  de nada you are welcome
nadie nobody, no one

natalicio birthday
navegante *m.* navigator
necesario, -a *(adj.)* necessary
necesitar to need
negocio business
  negocios *(pl.)* business
negro, -a *(adj.)* black
nervioso, -a *(adj.)* nervous
ni neither, nor, not even
nido nest
nieve *f.* snow
nilón *m.* nylon
ningún, ninguno, -a *(adj. & pron.)* no, none (not used often in plural)
niña girl, child
niño boy, child
noche *f.* night, evening
nombrar to name
nombre *m.* name
  nombre propio proper name
norte *m.* north
norteamericano, -a North American
nosotros, -a we
  nosotros us, ourselves (object of a *prep.*)
nota note, grade
notar to note
noticia piece of news, *(pl.)* news
novio, -a sweetheart
nube *f.* cloud
nuestro, nuestra, nuestros, nuestras our, our, of ours
nuevo, -a *(adj.)* new
Nuevo Mundo Western Hemisphere
nunca never

O

o or
obedecer (-zco) to obey
obediente *(adj.)* obedient
obispo bishop
observación *f.* observation
observar to observe
obstinado, -a *(adj.)* obstinate, stubborn
océano ocean

ocupación *f.* occupation
ocupado, -a *(adj.)* busy
ofrecer (-zco) to offer
oír *(irreg.)* to hear
ojo eye
ola wave (of ocean)
oler (hue) (a) to smell (of)
 huele he smells
olmedo, -a elm grove
olmo elm tree
omitir to omit
orar to pray
orden *m.* order, orderliness
 orden *f.* order, command
oreja (outer) ear
orgulloso, -a *(adj.)* proud
oriental eastern
oriente *m.* the Orient, the East
origen *m.* origin
oro gold
oscurecer (-zco) to grow dark
 oscurecerse to get dark
oscuridad *f.* darkness
oscuro, -a *(adj.)* dark
otro, -a other, another
 otra vez again

P

paciente *(adj.)* patient
 paciente *(m. & f.)* patient
pacto agreement
padre *m.* father, priest
 padres *(pl.)* parents, priests
pagar (gu) to pay
país *m.* country
pájaro bird
palabra word
palacio palace
pálido, -a *(adj.)* pale
papá *m.* papa
 papacito dear papa
para to, for, in order to, for the
 purpose of
parado, -a *(p.p.) (adj.)* standing
parar(se) to stop, stand

parecer (-zco) to seem
 parecerse a to resemble, look like
pared *f.* wall
pariente *(m. & f.)* relative
parte *f.* part
 de parte on the part of, on behalf of
pasado, -a *(adj.) (p.p.)* past, last
pasado *(n.)* past
pasar to pass, to go in, spend (time),
 happen, take place
pata leg, (leg of a table, chair), paw
patio courtyard
pato duck
patrón, patrona patron, patroness
paz *f.* peace
pedazo piece
pedir (i) to ask for
 pedir prestado to borrow
pedrada stoning
pegar (gu) to hit
pelear to fight
peligro danger
pelo hair
pensar (ie) to think
 pensar en to think about
pequeño, -a *(adj.)* small
perder (ie) to lose
 perdido *(p.p.)* lost
perdonar to pardon
perezoso, -a *(adj.)* lazy
perfectamente *(adv.)* perfectly
permiso permission
permitir to permit
pero but
persona person
personaje *m.* character, person
perrito little dog
perro dog
pesado, -a *(adj.)* heavy
peso monetary unit of several
 Spanish-American nations
petate *m.* (Mex.) grass mat that serves
 the Indian as a bed
pícaro, -a *(adj.)* roguish
 pícaro *(n.)* rogue, rascal
pico beak, peak
 sombrero de tres picos three-
 cornered hat

pie *m.* foot
  a pie on foot
piedra stone
piel *f.* skin
pillete *m.* little scamp
pintado, -a *(adj.) (p.p.)* painted
piñata decorated earthen jar of sweetmeats hung from the ceiling and broken by a blindfolded person, using a cane or stick
pirámide *f.* pyramid
pirata *m.* pirate
piso floor, story (of a house)
planta plant
plata silver
plátano banana
playa beach
pleno, -a *(adj.)* full
pluma feather
población *f.* population, town, city
poblano, -a *(adj.)* Pueblan, of or from the city of Puebla
  poblano *(n.)* Pueblan, inhabitant of Puebla
pobre *(adj.)* poor
poco, -a *(adj.)* little (in amount)
  poco a poco little by little
  pocos *(pl.)* few
poder *(irreg.)* to be able, can
policía *m.* policeman
pollo chicken
poner *(irreg.)* to put, place
  ponerse to put on, become
por by, for, through, along
  por eso therefore, that's why
  por la tarde in (or during) the afternoon
porcelana porcelain, chinaware
porque because
¿por qué? why?
posesión *f.* possession
posible *(adj.)* possible
pozo well
precio price
precioso, -a *(adj.)* precious
preferir (ie) to prefer
pregunta question

preguntar to ask
premio prize
  premio gordo first prize
prender to take, seize
preparar to prepare
  preparado, -a *(p.p.)* prepared
  preparando *(pres. p.)* preparing
preposición *f.* preposition
presencia presence
presente present
  presente indicativo present indicative
prestamista *m. & f.* money lender
prestar to lend
  pedir prestado a to borrow
primavera spring
primero (primer), -a *(adj.)* first
princesa princess
príncipe *m.* prince
principio beginning
  al principio at the beginning
prisa haste
  de prisa quickly hurriedly
probablemente probably
problema *m.* problem
producir (-zc) to produce
profecía prophecy
profesión *f.* profession
profesor, -a teacher, professor
profundamente profoundly
prometer to promise
pronto soon, right away
pronunciar to pronounce
  pronunciar discursos to make speeches
propio, -a *(adj.)* (one's) own
próspero, -a *(adj.)* prosperous
provincia province
próximo, -a *(adj.)* next
prueba proof
Puebla capital of the state of Puebla
pueblo town, people
puerta door
puerto port
pues for, well, then
  pues bien very well, well then
puesto, -a *(p.p.)* put

Q

que that, which, who, whom, than
  lo que what, that, which
¿qué? what?, how?, which?
quedar to be left
  quedaba, quedaban remained
quemar(se) to burn (up)
querer *(irreg.)* to want, like, love
  querer decir to mean
  (él, ella, usted) quería (he, she, you) wished, wanted
querido, -a *(adj.)* beloved, dear
quién *(pron.)* who
  quiénes *(pl.)* **¿quién(es)?** who, whom?
quieto, -a *(adj.)* quiet
quinientos, -as five hundred

R

ramo bouquet
rápidamente *(adv.)* rapidly
raya line
rayo ray, beam
razón *f.* reason
  tener razón to be right
rebuznar to bray
recibir to receive
recobrar to recover
recoger (j) to pick up
recordar (ue) to remember
recto, -a *(adj.)* straight
redondo, -a *(adj.)* round
refresco refreshment, a cool drink
regalo gift
región *f.* region
regla rule
regresar to return
reinar to reign
reino kingdom
reír (i) to laugh
  reírse de to laugh at
  reír a carcajadas to laugh heartily
relación *f.* relationship
reloj *m.* clock, watch

repente, de suddenly
representar to represent
república republic
residencia residence
resistir to resist
resolver (ue) to solve, resolve
respeto respect, attention
responder to answer, respond
restaurante *m.* restaurant
retirar(se) to retire, leave
retrato picture
reunión *f.* reunion, meeting
reunir(se) to unite, reunite
  reunido, -a *(p.p.)* united
reverencia reverence
revés *m.* back, reverse, backwards
rey *m.* king
rezar (c) to pray
  rezando *(pres. p.)* praying
ricamente richly
rico, -a *(adj.)* rich
rima rhyme
rincón *m.* corner (of a room)
río river
robar to rob, steal, kidnap
roca rock
rogar (ue) to beg
rojo, -a *(adj.)* red
romper to break
ropa (also *pl.*) clothing, clothes
rosa rose
rosario rosary
rubí *m.* ruby
ruido noise
ruina ruin

S

saber *(irreg.)* to know, learn of
sabio, -a *(adj.)* wise
sabroso, -a *(adj.)* tasty, delicious
sacar (qu) to take out
saco sack, bag
sacrificio sacrifice
sala living room
salir *(irreg.)* to leave, come (go) out
  ha salido he (she) has come out, left

salón *m.* living room, hall
saltar to hop
  saltando *(pres. p.)* hopping
salud *f.* health
saludar to greet
saludo greeting
salvaje *(adj.)* savage, wild
salvar to save
  ha salvado he, she has saved
salvo, -a *(adj.)* safe
  sano y salvo safe and sound
sano, -a *(adj.)* sound, health, well
  sano y salvo safe and sound
santo, -a *(adj.)* holy
santo *(n.)* saint
sarape *m.* (Mex.) blanket (with a slit for the head)
sastre *m.* tailor
satisfecho, -a *(p.p.)* satisfied
seco, -a *(adj.)* dry
seda silk
seguida, en at once, immediately
seguir (i) *(irreg.)* to follow
según according to, as
segundo, -a *(adj.)* second
semana week
semejante *(adj.)* similar
sencillo, -a *(adj.)* simple
sendero path
sentado, -a *(adj.) (p.p.)* seated, sitting (down)
sentarse (ie) to sit down
sentir (ie, i) to feel, be sorry
señor (abbrev. Sr.) sir, Mr., gentleman
señora (abbrev. Sra.) madam, Mrs., lady
ser *(irreg.)* to be
  fue it was
  sé be
serio, -a *(adj.)* serious
servir (i) to serve
si if, whether
sí yes
  sí *(pron.)* himself, herself, itself, yourself yourselves, themselves (object of a preposition)
siempre always
  para siempre forever
siglo century

significar (que) to mean
siguiente *(adj.)* following, next
  al día siguiente on the following day
silencio silence
silla chair
simpático, -a *(adj.)* nice, pleasant
sin without
  sin embargo nevertheless, however
sino but (on the contrary)
sitio place
sobre (up) on, about
sobrino nephew
sol *m.* sun
solamente *(adv.)* alone, single
soldado soldier
solo, -a *(adj.)* alone, single
sólo *(adv.)* only
sombrero hat
sonar (ue) to sound, ring
sonido sound
sonrisa smile
sorprendido, -a *(adj.) (p.p.)* surprised
sorpresa surprise
su(s) his, her, your (de Ud. or de Uds.), their
subir (a) to go up, climb, board
subrayar to underline
suelo floor, earth, ground
suerte *f.* luck
suficientemente *(adv.)* sufficiently
sufrir to suffer
Superhombre Superman
supuesto, por of course
sur *m.* south
sureste *m.* southeast
suyo, -a, -os, -as his, hers, yours, theirs

T

Tacuba region near Mexico City
tamaño size
Tampico port city on the Gulf of Mexico
también also, too
tan so, as
  tan...como as...as

tanto, -a *(adj.)* as much, so much
tantos *(pl.)* as many, so many
tanto *(adv.)* as much, so much
tarde *(adv.)* late
más tarde later
tarde *f.* afternoon
tarea task
te you, to you, for you
teatro theater
techo roof
tela cloth
telegrafista *m. & f.* telegraph operator
telegrama *m.* telegram
tema *m.* theme
temblar (ie) to tremble
temblor *m.* tremor, earthquake
tempestad *f.* storm
templo temple
temprano early
tener *(irreg.)* to have
tener que to have to
tener miedo to be afraid
tener razón to be right
¿qué tiene usted? what is the matter with you?
tenía had
tenga have
tentación *f.* temptation
tercer(o), -a *(adj.)* third
terminar to finish
termine finish
territorio territory
tesoro treasure
tez *f.* complexion, skin
ti you (2nd person sing.) (object of a prep.)
tía aunt
tiempo time (period of) time, weather
tierra land
tilma blanket
tío uncle
tíos *(pl.)* uncles, aunt and uncle
típico, -a *(adj.)* typical
tipo type, kind
toalla towel
tocar (qu) to touch, play (an instrument)
tocarle a uno to be one's turn

todavía still, yet
todo *(n.)* everything, all
todo, -a *(adj.)* all, every
todo el mundo everybody
todas las mañanas every morning
todos los días everyday
tomar to take
tonto fool
tortilla a thin Mexican bread made of corn or wheat
tortura torture
torturar to torture
torre *f.* tower
torrero, -a lighthouse keeper
tos *f.* cough
trabajador *m.* worker
trabajar to work
trabajo work
traer *(irreg.)* to bring
traído, -a *(p.p.)* brought
trajeron they brought
trayendo *(pres. p.)* bringing
traje *m.* dress, suit, clothes
tranquilamente *(adv.)* calmly, peacefully
tras *(prep.)* after, behind
tratar to treat
tratar de to try
tratado, -a *(p.p.)* treated
través *m.*, **a través de** across
travieso, -a *(adj.)* mischievous
trémulo, -a *(adj.)* trembling
tren *m.* train
tribu *f.* tribe
triste sad
tristemente *(adv.)* sadly
trono throne
tropa troops, soldiers
trueno thunder
tu(s) your (2nd person sing.)
tú you (2nd person sing. subject pronoun)

U

último, -a *(adj.)* last
único, -a *(adj.)* only
universidad *f.* university

universitario, -a *(adj.)* university
uno (un), -a a, an, one
  unos, unas some, a few
  los unos a los otros to each other
usted(es) (abbrev. Ud., Uds., Vd., Vds.)
you (3rd person .)
útil *(adj.)* useful
Uxmal ancient Mayan city in Yucatán,
Mexico

V

vacaciones *f. pl.* vacation
valer *(irreg.)* to be worth
valiente *(adj.)* brave
valor *m.* value, bravery
vario, -a *(adj.)* various
  varios *(pl.)* various, several
varita small rod
vecino, -a *(n.)* neighbor
velar to watch over
vencer (z) to conquer
vender to sell
venida coming, arrival
venir *(irreg.)* to come
  venga come
ventana window
ventura luck, fortune
  por ventura by chance
ver *(irreg.)* to see
  se ve is seen
Veracruz chief seaport on the Gulf of
Mexico. Cortés called it «La Villa Rica
de la Vera Cruz» (The Rich Town of
the True Cross).
verbo verb
verdad *f.* truth
  es verdad that's true, that's right
verde *(adj.)* green
vergüenza shame
  tener vergüenza de to be ashamed
vestido, -a *(adj.)* dressed
  vestido de dressed in or as
  vestido dress
  vestidos *(pl.)* clothes

vestir (i) to dress, wear
  vestirse to dress oneself
vez *f.* time
  en vez de instead of
  una vez once
  otra vez again
  de vez en cuando from time to time
  unas (algunas) veces sometimes
viajar to travel
viaje *m.* trip
viajero, -a traveler
victorioso, -a *(adj.)* victorious
vida life
viejo, -a old, old man, old woman
viejecito, -a; viejito, -a (dim. of viejo,
  -a) little old man or woman
viento wind
  hace viento it is windy
Villa Rica de la Vera Cruz name given
by Cortés (1519) to seaport now called
Veracruz
virgen *f.* virgin
visita visit
visitar to visit
  visitando *(pres. p.)* visiting
vista view
vivir to live
  vivido, -a *(p.p.)* lived
vivo, -a *(adj.)* keen, quick, alive
vocabulario vocabulary
vocal *f.* vowel
volcán *m.* volcano
volar (ue) to fly
voluntario, -a volunteer
volver (ue) to return
voz *f.* voice
  en voz alta in a loud voice
  en voz baja in a low voice

Y

y and
ya already, now
  ya no no longer

118

yo I

Yucatán peninsula in southeastern Mexico between the Gulf of Mexico and the Caribbean Sea

Z

zapato shoe

zorro, -a fox

NTC SPANISH TEXTS AND MATERIALS

Computer Software
Basic Vocabulary Builder on Computer
Amigo: Vocabulary Software

**Videocassette, Activity Book,
and Instructor's Manual**
VideoPasaporte Español

Graded Readers
Diálogos simpáticos
Cuentitos simpáticos
Cuentos simpáticos
Beginner's Spanish Reader
Easy Spanish Reader

Workbooks
Así escribimos
Ya escribimos
¡A escribir!
Composiciones ilustradas
Spanish Verb Drills

Exploratory Language Books
Spanish for Beginners
Let's Learn Spanish Picture Dictionary
Spanish Picture Dictionary
Getting Started in Spanish
Just Enough Spanish

Conversation Books
¡Empecemos a charlar!
Basic Spanish Conversation
Everyday Conversations in Spanish

Manual and Audiocassette
How to Pronounce Spanish Correctly

**Text and Audiocassette Learning
Packages**
Just Listen 'n Learn Spanish
Just Listen 'n Learn Spanish Plus
Practice and Improve Your Spanish
Practice and Improve Your Spanish
Plus

High-Interest Readers
Sr. Pepino Series
La momia desaparece
La casa embrujada
El secuestro

Journeys to Adventure Series
Un verano misterioso
La herencia
El ojo de agua
El enredo
El jaguar curioso

Humor in Spanish and English
Spanish à la Cartoon

Puzzle and Word Game Books
Easy Spanish Crossword Puzzles
Easy Spanish Word Games & Puzzles
Easy Spanish Vocabulary Puzzles

Transparencies
Everyday Situations in Spanish

Black-line Masters
Spanish Verbs and Vocabulary Bingo Games
Spanish Crossword Puzzles
Spanish Culture Puzzles
Spanish Word Games
Spanish Vocabulary Puzzles

Handbooks and Reference Books
Complete Handbook of Spanish Verbs
Spanish Verbs and Essentials of Grammar
Nice 'n Easy Spanish Grammar
Tratado de ortografía razonada
Redacte mejor comercialmente
Guide to Correspondence in Spanish
Guide to Spanish Idioms

Dictionaries
Vox Modern Spanish and English Dictionary
Vox New College Spanish and English Dictionary
Vox Compact Spanish and English Dictionary
Vox Everyday Spanish and English Dictionary
Vox Traveler's Spanish and English Dictionary
Vox Super-Mini Spanish and English Dictionary
Cervantes-Walls Spanish and English Dictionary

For further information or a current catalog, write:
National Textbook Company
a division of *NTC Publishing Group*
4255 West Touhy Avenue
Lincolnwood, Illinois 60646-1975 U.S.A.